अर्थात्

रज़ा फ़ाउण्डेशन | THE RAZA FOUNDATION

अर्थात्

अमिताभ चौधरी

वाणी प्रकाशन

प्रकाश-वृत्ति
रज़ा फ़ाउण्डेशन और वाणी प्रकाशन का सह-प्रकाशन

वाणी प्रकाशन
4695, 21-ए, दरियागंज, नयी दिल्ली 110 002
फ़ोन : +91 11 23273167 फ़ैक्स : +91 11 23275710
शाखाएँ
अशोक राजपथ, पटना 800 004, बिहार
कॉफ़ी हाउस कैम्पस, महात्मा गांधी मार्ग, इलाहाबाद 211 001, उत्तर प्रदेश
महात्मा गांधी अन्तरराष्ट्रीय हिन्दी विश्वविद्यालय, वर्धा 442 001, महाराष्ट्र
सुल्तानिया रोड, मोतिया पार्क, भोपाल 462 001, मध्य प्रदेश
www.vaniprakashan.com
marketing@vaniprakashan.in
sales@vaniprakashan.in

Arthat
by Amitabh Chaudhary

ISBN : 978-93-90678-78-5
Poetry Collection

प्रथम संस्करण 2021

मूल्य : ₹ 399

आर. टेक ऑफ़सेट प्रिंटर्स, दिल्ली-110032 में मुद्रित

वाणी प्रकाशन का लोगो मक़बूल फ़िदा हुसेन की कूची से

पितामह स्वर्गीय श्री चौ. घड़सीराम पूनियाँ
को श्रद्धापूर्वक

आमुख

प्रकाश अत्यन्त प्रतिभाशाली कवि और आलोचक थे जिनका दुर्भाग्य से 2016 में दुखद देहावसान हो गया। वे एक भाषा–सजग शिल्प–निपुण कवि और सजग–संवेदनशील आलोचक थे। रज़ा फ़ाउण्डेशन ने उनकी स्मृति में 'प्रकाश–वृत्ति' स्थापित करने का निश्चय किया जिसके अन्तर्गत सुपात्र और सम्भावनाशील युवा कवियों और कलाकारों की पहली पुस्तकें प्रकाशित करने की योजना है। उसके अन्तर्गत अमिताभ चौधरी का पहला कविता संग्रह 'अर्थात्' प्रकाशित करते हुए प्रसन्नता है। अपेक्षाकृत स्मृति–वंचित समय में उनकी कविता 'क्षोभमण्डल की इयत्ता में' कई सांस्कृतिक अभिप्रायों को कविता में चरितार्थ करने के लिए विशेष ध्यान देने योग्य है।

–अशोक वाजपेयी

अनुक्रम

धुआँ ही साँस लगा है

धुआँ ही साँस लगा है,
प्रिये!–

आग की क्या गन्ध होती है?

चूल्हे पर की छत के काले जाले
फेफड़ों पर झूलते हैं तो रोटी की अन्न-भाषा में
मन को लार लगा आता हूँ :

धुएँ पर इतनी वैधानिक चेतावनियाँ हैं कि
मैं ख़ाली पेट
आग को
हथेली पर पाता हूँ

व जी भर जलता हूँ।

ईश्वर प्रकट होता है

ठहरो!
अभी कंटक चुभे हैं,

चाहने दो
यह फूल।

प्रातः
रक्तवर्ण आलोक में
मेरी देह से
ईश्वर प्रकट होता है।

देखो : मुझे देखने दो–

‘लॉन’ में

‘लॉन’ में
हरी दूब पर
वक्ष-भर तलुए सहलती युवती
बहुत दूर से आयी है, सूर्य!

थोड़ा ठहरो।–
उसे ओस लेने दो।

ओ ताप के ऋषि!
निमिष आँखें मूँद लो–
उसके अंग खुल रहे हैं।

ओ प्यार

मौन
का
संगीत
सुन!–

राग
पृथ्वी पर
अदेह आत्मा का
हरा है।

वासन्ती मेरे कण्ठ का स्वर।

ओ प्यार!

धार की एक डूब में
गम्भीरतर
है
पारावार।

निर्मूल होने के प्रश्न में

निर्मूल होने के प्रश्न में
उखड़े हुए पेड़ों की एक
पंक्ति है :

और घास-फूस के पृष्ठों पर
बाढ़ के,
भूकम्प के,
आँधियों के
अनेक वार्णिक चित्र हैं। व

एक कवि जैसी कल्पना करता हुआ
मनुष्य–
नेपथ्य में–
नद्युन्मुखी–।

तुम्हें देखना चाहिए कि तात्कालिक आपात स्थिति
किसी पेड़ की घनी छाया में
एक लकड़ी के तैरने के अन्तर्गत
एक नाव की सुरम्य कल्पना है।

और

समस्त चित्रों के पृष्ठ पर
पानी के उस पार होने की हलचल के
'काम्य' बिम्ब हैं।–
[जिन्हें,
यदि एक कवि रचता?]

इच्छा

कहीं–
कोर पर एक अटकी हुई
बूँद के आशय से
मैं ने झर जाने की इच्छा की है :

मैं–
तुम्हारे कानों में
अपने और पृथ्वी के मध्य
'टप्' की ध्वनि के लिए मरा हूँ।

मैं आकाश की ओर न जाने के लिए समुद्रों में नीला पड़ा हूँ।

[मुझे तुम्हारी ओर आने के लिए
समय चाहिए।–

दिशा चाहिए।–]

[तुम्हें खोजने में
मेरा भटकना कोई राह है;
तो मैं कहीं पहुँचूँ!]

महाभारत

मैं
अपने भंग होने में मग्न हूँ :
मैं अहरह मग्न हूँ
बच्चे की किलकारियों में
शिशुता की ओर–

यदि
तुमने मेरा बड़ा होना देखा है,
छुआ है,
बाँचा है,
तो अवश्य मेरी दृढ़ता को तुमने तोड़ा होगा।

[यथा, निश्चय कर लेने की बुभुक्षा ने
रोटी का चक्र मेरी अँगुली पर धार दिया कि
महाभारत हो!..]

मैं करुणा का प्रार्थी नहीं हूँ

एक थकान के बीच
स्वप्नतारा-सी नींद है,
आकाशों।

चित्त लेटने के मेरे ऊपर
चाँद है,
मनोहर। [बहुत मनोहर..]
किन्तु,

मैं आँखें मूँद लेना चाहता हूँ।

अपनी ओर से चाँदनी मुझे सहला रही है कि
मैं सो जाऊँ।
यह प्यार है? [नहीं!]

करुणा है! [करुणा है!–]

यह उतरती ओस कहीं मेरी आँखों से! [?..]
[ओह, दिन!]

सूर्य : दिनांक ओ!
कहाँ डूब गये तुम? [देखो!]

देखो! देखो! देखो!!

तुम्हारे ही ताप से उबलता मेरा समुद्र
मुझ पर बरसता है :

देखो, यह छींटों की अंकतालिका!

यदि मैं सो जाऊँ
[इस थकान के बीच।]
तो यह मेरा कोष्ठक का अनिच्छित उत्तर है,
इसलिए
मुझसे प्रेम करते हो तो [नहीं करते हो तो]
मुझे असफल कहो, गण!
[इस समय, मैं करुणा का प्रार्थी नहीं हूँ।]

पुराने पथ पर

घास में डूबे
एक पुराने पथ पर   वर्षर्तु
उसकी शुष्कता की ध्वनि है;
यदि तुम सुनो।–

अँधेरे में,

जैसे झींगुरों के स्वर
किसी कण्ठ का अवरोध हैं,
रात भर।
[यदि तुम देखो।–]

पृष्ठ पर धुल गयी कविता की पुकार है : अ-श्वेत/

उपेक्षित/

भर्र,,

भू-पथ पर

एक
प्यास भरा व्यक्ति
इतना जलमग्न हुआ है कि
उसके नाख़ून गल गये हैं।

जैसे
अब कोई काँटा चुभेगा
तो चुभता रहेगा।

भू-पथ पर
झील देखते हुए
वह इतनी दूर आ गया है, कि
काँटे निकालने के लिए
नाख़ूनों की ओर लौटना चाहेगा
तो चाहता रहेगा।

इसलिए देर से पहुँचा हूँ, राम!

अंग लगी बिवाइयों को
बचाकर चला हूँ
इसलिए
देर से पहुँचा हूँ,   राम!

दुःख काटने में
जितनी देह लगी है
मैं ने लगाई है।

[रक्त को पसीना होने में रोयें भेदने पड़ते हैं,   प्रभु!]

एक शिशु-क्रीड़ा से

एक शिशु-क्रीड़ा से
कितनी इच्छाओं/कल्पनाओं के बीज
इस धरती पर बिखरे हैं, तब अन्न हुआ है
व्यक्ति!

कितना प्रकाश
एक छाया के होने में लगा है?

कितनी ध्वनियों में
तुम्हें पुकारती एक कविता है?

दुःख के भाव को आनन्दस्वरूप होने में
कितनी मीमांसाएँ हैं?

तुम्हारे गर्भस्थ होने से पहले
अपनी कोख में भटकती माँ की गोद में
यदि तुम हो; तो धरती के ताप को छूकर देखो!–

छायाएँ उपजने के आशय से
सूर्य के चक्कर काटती वह तुम्हारे लिए
कविता कहते कण्ठ उगाती है, बालक!

उद्विग्न नदी की भूमि पर

मैं,–
उद्विग्न लहरों में
डूबी नदी के तट पर हूँ।   और
मेरी पीठ पर
पहाड़ की चोटी चुभी है।–

अपनी अस्थियों के बीच
कुचला हुआ   मैं
पुरुष पाषाणकाय
इस जल-स्पर्श तक पहुँचा हूँ   कि
अब यदि डूब गया तो डूब गया!–

ऐसे,

उद्विग्न नदी की भूमि पर
बहुत चक्रवात आये हैं   तब
झील पड़ी है।

समय ऊँघते क्षण

पलकों पर सिर टिकाये
मेरी आँखों में
समय ऊँघते क्षण
कभी स्पष्ट नहीं हो पाये।

किसी को देखने के लिए
आवश्यक है,   कि वह
आँखों से किंचित् अ-निकट हो जाय।

मिट्टी की स्पृहा में

आग लपकते नवजात के सौंदर्यबोध से
मैं तुम्हें स्पर्श करके विचलित होऊँ
तो लेखनी में नील आये।

तुम्हारी कोख में
मेरी शिशुता के बीज पड़े हैं
तब तुम्हारे वक्ष संगठित हुए हैं।

पृथ्वी की यह समस्त उपजें
मिट्टी की स्पृहा में पड़े
मेरे, तुम्हारे अहम् का अंकुरण हैं, प्रिये!

बिना बात के विचलन में

बिना बात के विचलन में
छज्जे की कोर से रात भर की ओस की एक बूँद
टूटते-टूटते

टूटकर फ़र्श पर गिरी है–
इतने धीमे 'टप्' से कि

जैसे किसी ने कहा, "मैंने मृत्यु को आते देखा है!"

और इतना कान में कहने जैसा कहा
कि किसी ने नहीं सुना।

ओक-भर झील

ओक-भर झील।
चुम्बन-भर पानी।
और,

प्यास सहस्र वर्षों की।–

क्या,–
तुम आश्चर्य से देखोगे :
इस पथ पर

मैं ने घुटने टेक दिये हैं। और
जितना झुका गया है; झुक गया हूँ।

शव के समक्ष

अपने शव के समक्ष
मैं बहुत गम्भीर हूँ :
अन्त में,
मेरे प्राण देह में लीन हो गये हैं।

देखो, मेरी मुद्रा :
दाह से निश्चिन्त।

देखो।—
आँखें मूँदकर देखो। [कि, जैसे
मैं ने देखा : आँखें मूँदकर
अँधेरा नहीं देख सकते।]

आश्चर्य है

आश्चर्य है :
ताप की ऋतु है,   और
पवनें हिंसक हो रही हैं!–

आँखों में धूल झोंककर
तुम क्या साध लेना चाहते हो?–
चक्रवातो!

आँधियो!
तुम्हारी धूल जल को छू जायेगी
तो झीलों को उथला करेगी।

स्तब्धता का स्थैर्य

आकाश : मेरी स्तब्धता का स्थैर्य : देखो!–
[यदि देख सको ..]
चुम्बन से
मेरे होंठों पर पड़ा
नील।–गहरा।
[बहुत गहरा। ..]

सुनने के स्वर में
देखो! [यदि देख सको! ..]
: तुम्हें पुकारने में चुकी
ध्वनियों का शेष
निस्संग पृष्ठ पर अक्षरशः

अंक धारे।

कुहासे से झाँकती भोरें

कुहासे से झाँकती

भोरें

वक्ष-स्पन्दित नायिका-सी
उनकी कोरें :

खुलती अरुण-

चक्षु-मलिन
ओरें,,

केवल कल्पना की बात नहीं है

हवा में
पानी के फूल हैं। जैसे कवि ने
अवर्ण होकर

भू-पृष्ठ पर स्याही छींट दी है।

और अ-लिखित कविताएँ हैं–

इस साँस से

उस साँस।

केवल कल्पना की बात नहीं है प्रिये!–कि;
मुझे जीवन से राग लगी काँख की सुगन्ध आती है।

पत्रहीन डालियों पर

पत्रहीन डालियों पर
कोपल आने का
पेड़ उगा है।

मैं इस पेड़ की छाया में तुम्हारी प्रतीक्षा करता हूँ।

समय की शृंखला टूट रही है

समय की शृंखला टूट रही है।

कक्ष के बाहर खड़ा एक क्षण
द्वार खटखटा रहा है : नींद है?

पेड़ के बाहर
काठ की 'खट्' में यदि जल होता
तो शव शय्या से उठता   व कहता :
                                                    मत रोओ!–

"भूमि भीतर
तुम्हारी आँखों के बिन्दु
मेरे मूल में हैं।"

[यद्यपि, मैं इस समय सोया नहीं हूँ।
किन्तु,   मैं ने पलकों से आँखें दबा ली हैं--
कि,   एक क्षण के लिए मैं द्वार बन्द रखना चाहता हूँ।]

जब तक मुझे प्यास है

मृग जैसे : चौंकी हुई
हवा–एक साँस :

कितना मरुस्थल है   अहरह
                    इन नंगे पैरों के तले
पानी जैसा साफ़   और
अपने उठाव में समतल?

मेरी भूख ही भटकती है रोटी भीतर
यदि वह दूसरे पहर बासी हो जाती है :

अन्ततः, अनाज के जंगलों में खोया हुआ
अपने पेट में मुँह देकर
मैं अपनी भूख शान्त करता हूँ।

दौड़ते हुए मृग के भीतर मेरे प्राण सूखते हैं तो सूखते हैं।
इस मरुस्थल की इयत्ता में
जब तक मुझे प्यास है--मैं तुम्हें पानी की कमी नहीं रहने दूँगा।

मैं प्रमाणित करता हूँ

कल्पना के संसार में
रजत-पत्रों पर स्वर्ण-रेखाएँ खिंची हैं।
यद्यपि,

मेरे हाथ में मुट्ठी भींचना है।–
ऐसे, मैं प्रमाणित करता हूँ :
पदार्थ की सत्ता के भीतर
एक आत्मा है,–सदैव–

जिसे ग्रहों की ओर नहीं धकेला जा सकता :
[जैसे किसी ने पहाड़ पर से पत्थर धकेला है कि,
घाव पर भी

पृथ्वी अपने गुरुत्व से घूमेगी।]

दुःखी होकर मनुष्य कविता लिखता-पढ़ता रहा है व
लिखता-पढ़ता रहेगा।

कुछ न होने के तले

ओ मेरे अन्तिम वैभव!
तुमने देखा मेरा शव?   इसलिए
नीले हो?–मौन के रव!–
अपनी इयत्ता में देखता था जैसे
मैं तुम्हें।

मुँह देकर जीभ पर रखता था तुम्हारी ध्वनि।

अनुराग के रस
सारी रात कुछ न होने के तले
तारे गिनता था।

देह ही के मन

देह ही के मन
अन्ततः सब रचनाएँ।
कहानियाँ सब। सब कविताएँ।

बने हुए/कटे हुए
अमूर्त के राग सब। रंग सब
चेष्टाएँ।

किन्तु,

समय जैसे पारदर्शी शीशे क्यों हो जायें?–

जिन्हें पृष्ठ पर पोतकर
हमने चीन्हा एक-दूसरे को।

जिन्हें सामने रखकर हमने दुःख के कारण सजाये।

जिन्हें तोड़कर समय काटा।

चेहरे चुकाये।

तुम्हारे अ-साध्य सौन्दर्य पक्ष की ओर

पलकें झपकती आँखों के समक्ष–
भौंहों के बीच
शून्य सिकुड़ता है तो क्या!–

अन्त को पाये हुए मर्त्य की घनीभूत चेष्टाएँ
उसके अपलक होने में आहत हैं?

तुम्हारे अ-साध्य सौन्दर्य पक्ष की ओर
मैंने जो स्थैर्य साध लिया है;
क्या तुम उसे विचलन की सीमा कहकर चले जाओगे?
पानी के पुल बाँधकर

उफनती नदी से पार हो पाओगे? तुम!–

[कि, अपनी तहों में डूबी नदी वह
तुम्हें बहा ले जाने को उफनती है।]

मैं हस्तक्षेप नहीं करना चाहता

पहाड़ की टूट में भरी मिट्टी पर
जो हरी घास है,
वह पहाड़ के पानी होने की प्यास है?

अरे, यह प्रश्न कि उत्तर तरलता चुके पानी जैसे
विरुद्धों में

जलसन्धियों पर चुप है!–

उदास है!–

ओह, प्रिये!
इसलिए तुम जाओ : तुम्हारी छवियों पर पलकें डालकर
मैं हस्तक्षेप नहीं करना चाहता।

मैं पहाड़ की टूट में मिट्टी होकर इसलिए नहीं भरना चाहता
कि,
उसके पानी होने की प्यास
पृष्ठ पर
तुम्हारे न आने के पथ में उगी घास है
मेरे समक्ष।

एक दिन

एक दिन सूरज नहीं निकलेगा :
स्थिर हो जायेगी पृथ्वी
एक दिन।

—आकाशों भटकेंगे हम
एक दिन :

रिक्त स्थानों के लिए
अपूर्ण पंक्ति ढूँढ़ते।

ध्वनि के लिए पृष्ठ खोजते
मूक हो जायेंगे
झखते होंठों के नील।

तुम्हें पुकारते कण्ठ बैठ जायेंगे।

शय्या पर

एक बल
देह सारी खिड़की की ओर
धकेलता हूँ : एक और सिलवट समेटता हूँ
शय्या पर।

खिड़की के शीशे पर सूरज की छाप चौंकाती है :
धुँध जैसी चिलक में,

बन्द कमरे के ओझल दृश्य धुँधले-धुँधले दिखाई दे रहे हैं–
[यथा, श्वेत पृष्ठ पर न लिखी पंक्ति का नीलवर्ण।]
कि, मैं खिड़की के खुलने की कल्पना करके
एक प्राण हो रहा हूँ :

देह की शिथिलता में
निर्जीव होने की हानि सह सकने योग्य
यदि मैं इस समय होऊँ तो यह शीशे चटकें :

धूप यह भोर की नहीं--
चढ़ती दोपहर की है। और मैं विपरीत-शीर्ष
इसे देख रहा हूँ कि
यह भभककर मुझे प्रतीक्षा-मुक्त कर सकेगी–

जैसे यह खिड़की खुलेगी!

खुलेगी!

खु ले गी!

[जैसे यह खिड़की कक्ष को चौमुख भीत से बाहर करेगी।]

समय को चाहते हुए

होने/न होने की अवशता के बीच
क्या है? [या]
क्या नहीं है? –कि, समय को चाहते हुए

आकाश की ओर नीली होती जाती रश्मियाँ
मेरी आँखें काटती हैं!...
जबकि, इन आँखों से मैंने तुम्हें देखा है व

समय को सुन्दर कहा है!

रिक्त होने का आशय

तुम्हारा दिया हुआ कोई उपहार मेरे पास नहीं,
कि हाथ में।–
                    कि जेब में।–

                                        कि आलमारी में।–

तुम्हारी कही हुई कोई बात इस सूने कक्ष में नहीं।
घर में कोई आहट नहीं,
तुम्हारे आने के पैरों की।

तुम्हारे हाथ का
कोई स्पर्श मेरी देह पर नहीं।

मेरी आत्मा पर तुमने कभी अपनी आँखें नहीं छुआईं।

तुम्हारे न होने का एक अबाध रिक्त स्थान है,   केवल।
                                        जिसे मैंने,

            कोष्ठक में बन्द करके
            पंक्तियों के सामने रखा है।

तुम्हारी ऐसी कोई स्मृति नहीं–

स्मृति का कोई चिह्न नहीं—
कि, मैं उसे साक्षी मानकर तुम्हारे होने-न-होने के अन्तराल में
अपनी भाषा रख सकूँ।

मेरे पास कोई पथ नहीं   कि
मैं किसी पंक्ति से होकर कोष्ठक में आ सकूँ।

एक पंक्ति में भी यदि कोष्ठक के रिक्त होने का आशय
मैं नहीं बता सकूँ
तो तुम मेरी विवशता को क्या समझोगी? [प्रिये!]

क्या कहोगी उस प्रेम को?—जिसे मैं ने हवा में किया
—और साँस घोंटी।

बासी पानी की चिकनाई पर

ठीक है,–
मैं काई पर पैर रखकर
पानी में चला जाता हूँ।
तुम देखना :
बासी पानी की चिकनाई पर
केवल पैर रखने की देर है! ..

कितने दो कहा लिए हम

जैसे एक पत्थर हो गया पहाड़ है।

एक जल नदी। एक मिट्टी घट।
एक नील आकाश।
—किंवा एक वर्ण शब्द।

ऐसे, एक क्षण समय। एक प्राण
देह भी। ..

[अपने-अपने टूटने तक अनगिनों का
एका चुम्बक के विषमों का एका है। प्रिये!]
.. और,

कितने दो कहा लिए हम!
[एक वायु श्वास : फिर भी?]

खेत मिट्टी से ख़ाली नहीं होते, प्रिये

एक पुराने स्वप्न पर पलकें पड़ी हैं :
अकाल वाले वर्ष पर किसान ने
पसीना बुरका दिया है।

झीलें पानी से भर गयी हैं।
[आकाश जैसे तारों से भरता है।]

–एक अन्य ऋतु में
कभी-कभी मैं सोचता हूँ :
कितनी आग इस पानी के नीचे है;
जो आकाश पर तैर रहा है?

तुम मिलो तो मैं तुम्हें बताना चाहूँगा :
भूख की आग चूल्हे की आग है,
जो बुझती है तो भभकती है।
[यथा, मरी हुई भूख अधिक पेट रखती है।]

राख पर अन्न पकता है तो ऋतु बदल जाती है।
चक्रवातों में कितनी ही धूल उड़े–

खेत मिट्टी से ख़ाली नहीं होते, प्रिये!

[शब्दों से रिक्त पंक्तियाँ श्वेत पृष्ठ पर मौन व्यक्त नहीं करतीं :

अ-वर्ण का नील
आँखों में आकाश होता रहता है।]

एक अर्थ

एक अर्थ
जैसे पंक्ति के शब्दों का पास है।
सृष्ट : पृष्ठ घास है।

ऐसे ही।

निकट हम अपना कितना सारा बीच लिए
दूर होने के भ्रम में।
भ्रम में–

जैसे दूर होने का ह्रास है
एक अर्थ।

एक ऐसे समय

क्या जानता है समय
कि मुझ पर खिंची सब रेखाएँ
उसके स्पर्श की हैं?

मैंने भी किसी को छुआ तो जैसे
समय को छू लिया है। और

नहीं छुआ है तो समय को नहीं छुआ है।

—एक ऐसे समय में
जबकि, मैं मरुस्थल का विस्तार किये
मिट्टी पर अपनी छाया देखते हुए सोचता हूँ
कि,
यदि यह मुझ पर हो तो मैं एक क्षण साँस लूँ
और देखूँ कि मिट्टी पानी हो गयी है।

समय डूब गया है सूरज का अनुराग लेकर।

अबोल ध्वनि सही

दृश्यों की राग लगी आँखें
पलक झपकाने में रहीं :
हाँ! हाँ! हाँ!

नहीं! नहीं! नहीं!

रक्त नहाये उजाले। इसलिए
मैंने वह बात कविता में नहीं
कही।

जैसे, एक अबोल ध्वनि सही :

हाँ, वही अँधेरा,
वही–
जिसे आँखें मूँदकर स्वीकार किया गया। इसलिए नहीं
कि उसे स्वीकार किये जाने में दृश्यों की काट है।

टूटे हुए पत्ते की स्थिति से

बहुत कोमल है
टूटे हुए पत्ते की ऐंठ। और
बहुत करुण–
ऐंठ के टूटने की कर्कश-ध्वनि।

जिस छाया में आने को तपा वह ग्रीष्म,
पीला पड़ा, कना, झड़ा : उस छाया में गिरा
क्या पेड़ के सूख जाने के कौतुक से भरा है?
कि मैं–

उसे हथेली पर रखकर
मुट्ठी भींचने से पहले सोचता हूँ [कि]
"तुम्हारे लिए इतनी दूर आने के बाद

यदि मैं इस छाया में पहुँचा हूँ तो यह रास्ता ख़त्म हो जाना चाहिए!"

[यद्यपि यह एक ऋषि की प्रार्थना नहीं है कि
एक टूटे हुए पत्ते की स्थिति से
बसन्त नहीं आना चाहिए!]

जल भरी झीलों पर झुककर

जल भरी झीलों पर झुककर
यदि मैं मिट्टी के कटने की तह देखता हूँ
तो मुझे अपना चेहरा दिखाई देता है।–

मेरी आत्मा के पार्थिव जगत्!
क्या आकाश का शिल्प
इस बात का उत्तर है कि समतल रास्तों का नील
मेरा झील में दिखाई देता चेहरा है?
और

जो जल भरा है : मेरी इस दृष्टि की काट से?
[और मैंने उसी की ओक भर अपनी प्यास बुझाई है!००]

जितना तुम मुझे छू सको

जितना तुम मुझे छू सको,
छू लो!–

व देखो कि मैंने स्पर्श की सीमाएँ बाँध दी हैं।

अंग वे सब [अ-पुष्ट] मैंने विसर्जित कर दिये हैं।
[तुमसे छुए गये अपने अंग में : सम्प्रभ वह
गंगा की तरह पवित्र हो गये हैं
तो मुक्ति-विधायी होंगे! ..]

अन्त में, [यदि]
मेरे सामने रास्ता बच जाता है,
प्रतीक्षाएँ शेष रह जाती हैं तो मैं आँखें मूँद लेता हूँ कि
सब अन्धकार में लीन हो जाय
और मैं–

एक स्वप्न जैसी नींद के भार से पलकें गिराये रखूँ
कि नेपथ्य में--भटकने के
स्वाँग से रिक्त
मैं ने देह उतारकर आत्मा तुम्हारे हाथ में रख दी है।

उपमेय के धूमिल होने पर

जैसे किसी शब्द को
चाहे जिस पंक्ति में धर दिया गया है   कि
"यह मेरे हाथ में है!"

जैसे कोई शब्द नहीं चाहता कि वह पंक्ति में निरर्थक खड़ा रहे।

जैसे पंक्ति में निरर्थक खड़ा कोई शब्द
विचलित होकर पुकारता है, "मुझे बाहर करो!"

यह कोई उदाहरण नहीं है   कि ऐसे
किसी पंक्ति में खड़ा
मैं तुम्हारे समक्ष उपमेय बनकर प्रस्तुत होना चाहता हूँ   कि
तुम उसे कविता की तरह पढ़ो–
और अनुभव करो कि मेरा दुःख क्या है?

निरर्थकता-बोध में जो अ-कविता सूझती है;
वह उपमेय के धूमिल होने पर–

जैसे कोई उदाहरण को अनाथ करके चला गया है कि चलो!

आकाश कितना बे-खटका है

उससे कहीं दूर
उसकी बात करते हुए
मैं कई बार रोया
कि वह यहाँ नहीं है।

कई बार मैं ने उसके होने को चाहा
और पाया
कि इस ध्वनिलोक में आकाश कितना बे-खटका है।

कितना नीला।
कितना सूना।

कितना शान्त और स्थिर। .. और

कितना विचलित हूँ मैं
उसके नीचे।

केवल एक क्षण

एक क्षण केवल
निरन्तर दोहराया जा रहा :

इतना समय किसी के पास नहीं
कि साँस रोककर देखे–

केवल एक क्षण–एक ही केवल क्षण–
एक साँस
यहाँ-से-वहाँ
समय को बेसुध किये है।

चलो छोड़ो, यह बहुत गहरी बात है।..

वे नावें देखो। वह सदा जल ही में
डूबती हैं।

और वे लोग!–इसीलिए
भँवर में फँसे हैं कि उनके पास नावें हैं :

उन्हें देखो एक क्षण

और तुम बताओ, "हमारे बीच पानी होने का क्या अर्थ है?"

"अर्थात्, हम दो तटों पर हैं
और हमारे पैरों तले की मिट्टी
इतना काठ पैदा करती है!"

एक पानी ही मेरे पास है

एक पानी ही मेरे पास है
तैरने के लिए–
डूबने के लिए।

नावें मैंने किनारा पकड़ने के लिए नहीं बनाईं।

दुःख में मैं इसलिए डूबा हूँ कि इसी में सुख है।

कई बार
मैंने इसलिए आँसू नहीं पोंछे कि
इस अ-काल में कहाँ जाऊँगा?

: तुम्हें खोजते हुए
रेगिस्तान मुझे पानी से भरी हुई नाव सूझा है।
सूखते गले में-

तुम्हारी निकटता की माया एक सुनहरी चिलक है;
जिसका हार बनाकर तुम्हें पहनाऊँ तो आर्द्र होकर
प्राण हाथ में लूँ व अपलक रहूँ।

भटकते हुए

भटकते हुए मैं यहाँ तक आ गया हूँ
कि मुझे जगह मत दो।

पैरों से रास्तों का भार उतारकर
मैं यहाँ तक हल्का हो गया हूँ
कि तुम्हें कहीं भी मिल सकता हूँ।

यदि मैं तुम्हें कल्पना में भी मिलूँ तो मुझे जगह मत दो।

इन जगहों ने मुझे बहुत भटकाया है।

इन रास्तों ने मुझे बहुत थकाया है,
तब मैं यहाँ तक पहुँचा हूँ।

मैंने देखा

आँख मूँदकर देखने की बात और है!

मैंने देखा : एक पहाड़
नदी में डूब गया है।

डूबकर मछली हो गया है।

एक मछली
पहाड़ पर चढ़कर
पानी हो गयी है।

मैंने देखा : एक पत्थर
पानी में जो तुमने फेंका है,

—कि, डूबकर फूल हो गया है।

गिलहरी के दाँत लगी भूख

गिलहरी के दाँत लगी भूख के विस्तार में
एक मैं भी हूँ
कपास का रेशा।

ऐसी बात नहीं कि
कपास के रेशे गिलहरी के पेट में गये। या
उसने कोई झुग्गी बनाई
अपने लिए।

यों, चूँटकर बिखराती रही
इधर-उधर–
दाँत चमकाती रही!

पहाड़ पर पानी से

पहाड़ पर पानी से
नदी लिखने के पहले
मैं बूझ लेना चाहता था,
"स्वर सीखते समय
पाठशाला में बैठकर
यह 'स्लेट' पर असभ्य 'अ' लिखने जैसा ही है?"

"लिखकर जीभ से साफ़ करने जैसा ही है?"

पहाड़ पर नदी लिखने के पहले
मैं अक्षर-ज्ञान से मुक्त हो लेना चाहता था।

राग लगा है

पथ में, कोहनी के बल चलने का
राग लगा है छाती पर।

त्वचा के भीतर
एक लाल त्वचा निकल आयी है,
जिस पर पानी के बिम्ब-सी
लहू की नन्हीं बूँदें
तुम्हारी प्यास आँकती चिलक रही हैं।

ओह, दैव!
अभी तुमने देखा भी नहीं
और मुँह पर रूमाल रखकर
शीघ्र पलट जाने को बूझ लिया!

तपसी जैसे

ख़ुद को लेकर
रेगिस्तान में आने के बाद भी
यदि मैं अपनी छाया नहीं ले सका हूँ–
और, एक तपसी के जैसे
तुम्हारी छाया में होने को हो रहा हूँ;
इस उजाड़ से उस उजाड़--
तो क्या समझा जाय? अहम् और विरक्ति के मध्य
एक घनी छाया है–
जो मुझे तपाकर तुमसे प्रेम कराती है, अन्ततः

–और मैं करता हूँ!

समय कहाँ है

समय कहाँ है?
बस, एक घड़ी है–घर के भीतर की
भीत पर टँगी; धड़कन की तरह
बजती।

सूई की तरह चुभती।

और

मैं कहाँ हूँ?
घड़ी की ध्वनि से हतप्रभ
घर के बाहर होने को
होता।

समय की राह देखता   और
एक कौतूहल रफ़ू करता।

तुम्हारी मुँह बोलती आँखों के परे

चिड़िया के चुग्गे को चींटियों की 'चूँ' तक नहीं
इस भूरे रेगिस्तान में—
और, मैं यहाँ रास्तों का जंगल काटकर आ गया
एक तपसी बच्चे की तरह
नंगे ही पैर,

दूर तक निर्जल इस भूखण्ड पर पैर रखकर
क्या मैं कह सकता हूँ—
"मेरे मुँह में एक टपका लार नहीं   कि,
                                        पानी हो!"

वृक्षों से काली कोस होकर
क्या मैं अपनी छाया में आने को हूँ?   जो मैंने—
यहाँ तक अपनी देह को धूप में तपाकर
ऐसे बना लिया है कि कोई जलता प्राण
छाया समझकर छू ले तो हैरानी न हो।

ओह, प्रिया!
तुम्हारी मुँह बोलती आँखों के परे
एक चुप्पी सधी है—
और मैं यहाँ अपना अर्थ पूछ रहा हूँ।

•

सत्य की खोज में

सत्य की खोज में
मेरे पास भटकते हुए खो जाने के अतिरिक्त
और रास्ता नहीं था।

मैं इस कौतूहल से उस कौतूहल के बीच
हतप्रभ होकर रह गया।

मैं मिट्टी को मिट्टी की तरह देखने में
वह रस नहीं ले सका
जिससे इतनी पैदावार है!

मैं उस कवि की पीड़ा को नहीं समझ सका;
जो अपने संचित वीर्य के साथ
प्रसव को पहुँचने में प्राण दे गया।

उसे पढ़ने वालों ने
मेरे कौतूहल को कभी 'रस' में नहीं गिना।

मेरे हतप्रभ होने को कभी हतप्रभ होकर नहीं देखा।

नाख़ून

बढ़े हुए नाख़ूनों में मैल आ ही जाता है–
परन्तु, इतने कठोर भी यह नहीं हैं
कि उँगलियों के काँप जाने पर
पोर से उतर जायें।

यद्यपि, जब किसी चोट से
नाख़ून नीला पड़ता है तो उँगली सूज जाती है,
तथा रक्त छाती खोलकर मवाद होता है।

जिन नाख़ूनों को काटकर
मैं तुम्हारे समक्ष प्रस्तुत हूँ–
उन नाख़ूनों ने शून्य में बहुत धरती खुरची है व
तुम्हारी गिनती निकाली है।

चुप है एक

चुप है एक–
कविता-सी सरस और व्यंजक,
और शब्द हैं कितने? अन्तर्निहित
ध्वनिमान!

चलो,
मैं एक चुम्बन होंठ बजाता हूँ–
तुम प्यार का आशय समझो
और लजा जाओ
एक कविता!

चलो,
ध्वनि के भार से मुक्त हो जाओ!
आओ, चुपचाप–
कि, कहने की कुछ आवश्यकता नहीं रही!!

रेगिस्तान के उच्चार में

रेगिस्तान के उच्चार में
नदी का पानी है–
और

आँखों में इतनी मिट्टी है
कि सारे दृश्य काटकर
कोहरे में ले जाती है।

ध्वनि का अर्थ लगाते समय
जब मैंने देखा :
व्यंजन का उच्चारण अ-साध्य है, तो ज्ञात हुआ–
यह जो मेरी आँखों के समक्ष कोहरा छाया हुआ है;
इसमें कोई नहीं है–
सस्वर रेगिस्तान-सा सूना और
चुप्!

रत्ती-रत्ती पत्ती हूँ

रत्ती-रत्ती ठिठका हूँ।
चौंका हूँ।

काँपा हूँ।

रत्ती-रत्ती पत्ती हूँ–
टूट के पेड़ को पहुँचा हूँ।

व्यंजक क्या करेगा

विकट पथ की पद-शृंखलाओं में
कंटक जितने गूढ़ थे;
रक्त उतना शुभ्र : लाल!

वेदना के आलोक में
मुखमण्डल तुम्हारा वैसा ही अरुण है;
साँझी सूर्य के अन्तिम चरण-सा।

रक्त के छींटों से चिह्नित होता
मैं चला जाऊँगा
दीर्घ होती छायाओं के पीछे।

किन्तु, तुम प्रार्थना भी करोगे–
रक्त के चिह्न आँसुओं से सिंचित कर और
लगा दोगे पूर्ण हृदय;
तो भी व्यंजक क्या करेगा!

छायान्तर

छायान्तर : धूप चिलक एक :
निकट अ-निकट रेख।

उठ,

क्षितिज देख–

तू

अर्थात्

मैं : चौंक एक

"ऐं!"

और   और लेख–

सच का कोई रंग होता है

सच का कोई रंग होता है?
जैसे लाज से लाल होना, और आत्मा-भर
अंग देना।

चूम लेना मिट्टी
और हरी कर लेना धरती।—

जैसे मिट्टी को चूमने की प्रतीक्षा में
ठहरा है पानी
समुद्र-समुद्र!

अभ्र-रंग पानी!!

मैं जितना था उतना रहा

मैं जितना था उतना रहा।
दबा। कुचला। परन्तु!
सदैव उतना।

बस्ती के बाहर होकर मैं भटका ही।

जंगल था, कि मुझे नदी के तट पर होना था।
काई पर फिसलकर डूबना था
तहों-की-तहों।

मैं, मरुस्थल-भर जंगल काटता हुआ
नदी में उठता बुलबुला।–

या अपने हाथों की मिट्टी से बना
पानी का बिम्ब
धरती पर।–

या   तुम पर–
धूप की निगली छाया   कि
जिससे तुम पसीने में डूबे, रहे।

कि–मैं पसीना तुम्हारे माथे का;
जो तुमने पोंछकर गर्मी में उछाल दिया,
और लेने को एक साँस ली!

उतना ही है आकाश

उतना ही है आकाश कि देख लूँ,
उसके नीचे चमकते तारों को-
इतनी दूर–
धरती से।

और

इतनी ही है धरती-
घूमता रहूँ गोल : खेल में
एक बच्चे के गोल घूमने से अन्तर करता हुआ।

और यह भी सच है कि
गोल घूमता हुआ बच्चा
जब चक्कर खाकर गिरता है
तो मूर्खों की तरह हँसता है!

चोट भी लगे तो उस पर
मिट्टी बुरकाकर चल देता है–
जैसे तारों के बोझ से व्योम टूटा हो-

और धरती धूल हो गयी हो!!

पटाक्षेप

–और, फिर पटाक्षेप हुआ!

पहने हुए किरदार उतारकर
वह नग्न हो गये।

अब वे इतने अश्लील दिखाई देते थे
कि बिना झिझक के उन्हें चूमा जा सकता है।

सूझ नहीं रहा

"आकाश में अनगिन तारे हैं!"

यद्यपि, यह कोई कहने की बात नहीं–
किन्तु,
रात इतनी गहरी है कि और कुछ सूझ नहीं रहा।

यह भी नहीं सूझ रहा कि मैं कहाँ हूँ?

–कौन-सी जगह हूँ?

–मैं कहीं हूँ कि नहीं हूँ?

और,

ये इतने अँधेरों में मुझे तारे कैसे दिखायी दे रहे हैं?

समय

समय जंगलों में भी था।
बीहड़ों में भी।

घाटियों में - गुफ़ाओं में भी।

सुनसान में भी समय की ध्वनि सुनाई देती थी।

समय उन तहों में भी था;
जहाँ डूबकर कोई जाता है।

समय उस रेगिस्तान में भी था;
जहाँ पानी की एक बूँद नहीं।

समय देह में ही नहीं था—
मन में भी था।
मानस में भी था।

और, उन कल्पनाओं में भी;
जो अद्‌भुत थीं।

इस 'कुटीचर' ने उन अवधूतों को भी बूढ़ा कर दिया,
जो साँस रोककर तपते रहे बरसों!

कब तक रहेगा यह घर

मैं दीवार-घड़ी की 'टिक्-टिक्' सुनता हूँ
और मौन होता हूँ कि कब तक रहेगा
यह घर?

भूकम्पों और चक्रवातों की हवा में
कब तक कोई समय देखेगा?

देखेगा : सबसे विस्तृत
अपने न होने से नीला पड़ा आकाश-
तारों के ऊपर...

रात-दिन की 'टिक्-टिक्' के ऊपर...

इतना ऊपर–
जहाँ आँख मूँदने पर भी
अन्धकार नहीं पहुँचता।

मांसल मिट्टी में

मांसल मिट्टी में धड़कते बीज
बारिश के लिए—

आँसू भी पानी की इयत्ता पर लहू पीकर हैं।

और   लहू भी पानी के लिए लाल है।

मेरे फटे होंठों के लिए इस रेगिस्तान की 'धूँ-धूँ' में
जीभ पर लार भी नहीं है—कि कह दूँ—
"यहाँ ग्रीष्म में समुद्र-के-समुद्र
भाप होकर आकाश में तैर सकते हैं!"

मिट्टी की इस चिकनी भूमि पर
कोई बीज
प्यास की इस धड़क से है, कि—
"एक पानी ही पानी का बुदबुदा नहीं है!"

"समय के जैसे स्पष्ट—
एक पानी ही है, जिसमें घोला गया हर रंग बैठ जाता है?"

ओ मेरे अन्त

ओ मेरे अन्त! अकेले
क्षण में आये तुम; समय बिना बताये—निढाल
जब मैं पुष्प-भार भी नहीं सह सकता था :

क्या पूछूँ तुम्हें!

मैं तुम्हें देख भी नहीं पाया सही से : ओ झपकती आँखों
के पुलक!—ठहराकर तुम्हें—
चूमकर तुम्हारा मस्तक;
मुरझाये नीले होंठों की कुछ कह पाने की
अक्षम ध्वनि का कम्पन सुनाता तुम्हें (सुनते तुम!) तो जानते :
मैं तुम्हारे लिए व्यतीत हुआ हूँ!

—कुल तुम्हारे लिए!!

ये जो प्यार फूलों से किया मैंने—
कीच से भागा—
अन्यों की ओर जाते हुए अर्जित हुआ स्वयं को—
और व्यय हुआ जितना—
सब तुम्हारे लिए, केवल।

ओ अ-समय!
तुम क्या आते-आते थके नहीं थे?
—जैसे मैं।

ओ, निरवकाश!
थोड़ा ठहरते—प्रतीक्षा का जल पीते
तो तर होकर जाते!

जीवन ओ!

देखते : इस पृथ्वी पर समुद्र के समुद्र हैं!!

तपसी

ये पहाड़ी ऊँचाइयों में ढला हुआ रेगिस्तान।
ये देखने तक पसरी हुई
भूरी रेत के सुनसान का सर्पीला सम्मोहन।

दूर-दूर–
अपने में उलझी हुई - ऐंठी हुई
इक्की-दुक्की झाड़ियों का कँटीला
एकाकीपन।

कहीं पीली मुस्कान फेंकता - सत्यानाशी दुःख–

और मैं–तपसी–सा–
प्यार के पार : अपनी मृगतृष्णा से–
जहाँ पानी नहीं;
केवल मिट्टी है!

रेखाओं के अभेद्य-पथ पर

कहीं नक्षत्र हैं
मेरे चालक–
हाथ की रेखाएँ उनके संकेत-चित्र!

और मैं-
मुट्ठियाँ भींचे
रेखाओं को मरोड़ता/मसलता
अपनी दुविधाओं के आकाशीय धरातल को
एक पातालभेद यत्न के साथ
धूल करता
चला जा रहा हूँ
रेखाओं के अभेद्य-पथ पर
गिरता/
उठता
पाताल के अतल में
कि, वहीं हैं--
आकाश की जड़ें,
नक्षत्रों की माया और
जीवन की गति का अन्तिम स्रोत–
गर्भकुण्ड!

वैपरीत्य के चुम्बकीय विधान

वैपरीत्य के चुम्बकीय विधान में
पीठ और छाती जहाँ अपना स्थान छोड़कर
एक-दूसरे की ओर खिंचते हैं   और
खींचते हैं एक-दूसरे को;
एक-दूसरे के विक्षोभ से [समक्ष होकर] –एक होने को होते हैं;
मैं वहाँ ठहर जाता हूँ।

जैसे यह पड़ाव ठहरने के लिए है।

ठहरकर कविता लिखने के लिए है।

मेरे और समय के बीच

मेरे और समय के बीच
एक लम्बा अन्तराल है--
अनिश्चित!–
यहाँ-से-वहाँ।

इस बीच तुम हो–
मेरी गति से मुझे बाधित करती।

मेरा गणित भुलाती।

मेरी गिनती हाथ में लेकर
समय की ओर फेंकती।
[चुपचाप!]

मैं तुमसे पूछता हूँ, "तुम क्या चाहती हो!"

मैं अपनी जगह से विचलित हूँ

मैं अपनी जगह से विचलित हूँ!
मन की गति से
अनिच्छित : मैं अपने रुदन से
धुल जाने को : धोने को या
सधा हुआ विकल्प उस अकेली जगह पर।

कोई पथ ही हो,
ऐसा हठ नहीं। भटकने की
उदारता से भी वासना को प्राप्त : उत्सर्ग प्रेम को!

मेरे मरण की साधना में
तपता एक प्राण मेरी मुट्ठी में नहीं।   तबकि।

मैं सोच नहीं सकता : इतनी छोटी
पृथ्वी पर
इतना विस्तृत आकाश शून्य हो सकता है : फिर यह
वासना के
दीर्घ निःश्वास
यहाँ–

और यह योग और उच्छिष्ट इच्छाएँ, प्रभु!
—मेरी ही हैं!

[—मेरी ही हैं?]

मेरा ही है, अक्षरशः विचलन! ['?']

वर्षा के अ-भाव की मूसलाधार में

वर्षा के अ-भाव की मूसलाधार में
एक छींट तुम्हारा स्पर्श
मुझे मेह से भर देता है!

सूखे में,
किसान को आँसू भी न आयें
तो दराती से अपना गला रेत ले!

"तू मत आ!" किन्तु,
अपने न आने का
मेरा अकाल भरा खेत ले–

कि मैं इसके उपजाऊ होने के विश्वास में
दो आँसू बहा सकूँ!

तेरे न होने का अकाल पा सकूँ तो पा सकूँ!!

मुझे समय मत दो, प्रभु

नहीं खींची गयी रेखाओं का एक जाल है।

अन्तहीन दिशाओं के वृत्त में
मैं कितनी रेखाएँ खींचकर
ख़ुद को उलझा सकता था—कि हवा को पानी देकर
साँस रख लेता?

नहीं उलझे जाने से बँधा हुआ
मैं, कब से कविता लिख रहा हूँ?   और
कब तक लिखूँगा?

विरक्त होने के अधीन
मुक्ति यदि सार है—तो मुझे
समय मत दो, प्रभु!

ताप में

ताप में,
जिनके हाथ स्थिर नहीं हैं.
उनकी काँख लगी है।

जैसे आँख लगने पर
हाथ छाती पर आ जाय कि यह
सपना देखने का समय है, और
सपना ऐसा आये कि देह छोड़ने में आतुर प्राण
धरती-आकाश एक कर दें।

जिन्होंने सिद्ध कर लिया है यथार्थ,
जिनके लिए छाया और धूप में कोई अन्तर शेष नहीं रह
गया है,
जिन्होंने रात-दिन एक करके
पसीने में डुबो दिया है अपना श्रम--वह हर स्थान पर हैं और,
हर स्थान एक भ्रम है;
जिससे वह निकल चुके।

चलो, छोड़ो–
मैंने अपने हाथ फैला दिये हैं–
तुम हल्की-ठण्डी फूँक मेरी काँख में दो--इसलिए कि

बहुत मेह बरसे   और
छाती पर हाथ आये तो वह सपना धरती की तरह
हरा-भरा दिखे।

धरती-आकाश एक करते प्राण
देह लगाकर रागोदीप्त क्षितिज की ओर जायें।

ताप में,
अनगिन फूलों का हम ऐसा श्रम रचें   कि
हमारी काँख से उन पर इतने मधुकर जनें
कि वह खिले रहें सदैव-सदैव।

अतीत की ओर

अतीत की ओर आते हुए
मैंने देखा :
जिस रास्ते से मैं आया हूँ, वह रास्ता
घास-फूस से हरा हो गया है।

जिस रास्ते को मैंने साफ़ देखा था,
उस रास्ते पर कितना पानी बरसा है
मेरे पीछे!

और वे काँटे–
जो मेरे पैरों में चुभे थे; इसलिए मैंने उन्हें तोड़कर रख दिया था;
इसी रास्ते की घास में कहीं डूबे होंगे? या
यह घास उन्हीं से जनी है–इसलिए हरी है?

क्या यही वह ठौर है; –
जिसे मैं अपने सामने देखता था? और–
जिसके लिए मैंने एक पूरा रास्ता तय कर लिया है,
अ र लौटने तक पहुँच गया हूँ कि सामने देखने का कोई
ओड़ नहीं?

ओह, मेरे गाँव!
मेरी जलती हुई चिता पर तुम इतना पानी बरसाओगे
तो मैं इस आग से कहाँ जाऊँगा कि मेरा एक अतीत है!

और मेरी प्यास अनबुझ है, इसलिए मैं लौट आऊँगा!

वर्षा-ध्वनि

पानी पर बरसते पानी की वर्षा-ध्वनि :
साँस लेता हूँ तो उमड़कर आती है
मरुस्थल की रेत–
और आकाश तक नीला कर देने वाला कौतूहल मुझे
घेर लेता है–
कि यदि मैं यहाँ आया हूँ तो आँखें मूँद लूँ   और देखूँ।

मैं देखता हूँ : एक झरना मेरी पीठ पर उतर आया है।

कविता लिखते समय
शब्दों की चोट से पृष्ठ पर जो झील हो गयी थी–
वह मेरी पीठ पर अंकित है;
जिससे मैं पहाड़ों की ऊँचाई अनुभव करता हूँ।

मैं अनुभव करता हूँ : पहाड़ों से गिरता एक झरना
मेरी पीठ पर उतर आया है।

मेरी आँखों में एक मृग :
बहुत प्यासा एक मृग–
प्राणों तक दौड़ लगाता है   और

आँखों से बाहर आने को पलकों पर 'टाप्' देता है।

['टप्'!]

एक सुन्दर मृग : एक बहुत सुन्दर मृग
एक सुनहरे सपने-सा मुझे इस कौतूहल के बीच दिखाई देता है,
हाँफता हुआ।

काँपता हुआ।

एक झरना पहाड़ की ऊँचाई से मेरी पीठ पर गिरता है
और मेरे समक्ष मरुस्थल रचता है कि
मैं ने कविता लिखते समय
पृष्ठ पर एक मृग छोड़ा था—एक बहुत प्यासा मृग :

उसके फूल जैसे खुर मेरी कठोर पलकों से बार-बार होड़ लेते हैं।

मैं मिट्टी का निषेध करते हुए
पलकों को और पथरीला बनाता हूँ कि
इस मरुस्थल में मेरी आँखें कटती हैं और
हर दृश्य धीरे-धीरे नीला पड़ता जाता है।

मैं दुःख में कविता लिखता हूँ व
तुम्हारे अभाव की कल्पना करता हूँ कि मेरी आँखों में आँसू आयेंगे
और मेरे समक्ष पृष्ठ पर गिरेंगे
तो सारे अक्षर स्याही छोड़कर एक हो जायेंगे।

तुम्हारे अभाव की कल्पना करते हुए मैं यहाँ तक पहुँच जाता हूँ
कि आँखें मूँदने के अतिरिक्त मुझे कुछ दिखाई नहीं देता।

भू पर

भू पर
उसी का नील है–
मेरी आँखों में स्पष्ट

कि, इस कौतूहल में जन्मा–मैं देख सकूँ–
अपने अ-भाव की कल्पना का विस्तार।
[यथा, यह मेरे भाव का यथार्थ है!]

: मेरे कण्ठ में-
प्यास का आग्रह इतना तरल है कि
मैं झील में आकाश देखकर कहता हूँ,
"जल है! जल है! जल है!"

जल से रिक्त होते हुए

जल से रिक्त होते हुए
'टप्' से टूटी–एक बूँद–
एक क्षण में :

मौन की मृत्यु पर शान्त ध्वनियों की
हिचकियाँ लेता मैं–
कि, साँझ के इस पीले समय में
दुःख ही क्या रहेगा? प्रिये!

लौट आते पक्षियों की पंक्ति की दिशा में
जाते हुए, मैं तुम्हें पृष्ठ पर कविता की तरह रखूँगा--
नीलवर्णाक्षरा–

और अ-समय पढ़ूँगा।

हवा की टूट पर

टूटी हवा। हवा की टूट पर
स्तब्ध एक रहा हुआ पत्ता
समय के स्थिर पर क्षण :

अभी मौसम बचा हुआ है
एक पेड़ की दिशा पर, दर्शना!

[जैसे एक पत्ते पर पेड़ अटका हुआ है,

प्रिया!]

मैं : कविता की अन्तिम पंक्ति से पिछड़ा हुआ अभी-अभी का कवि
इस पेड़ के नीचे
टूटे-बिखरे पत्तों पर खड़ा
सचेत–
सावधान–
कि मुझे साँस आयी कहीं तो मैं कल्पना भी नहीं कर पाऊँगा
कि मैं एक कविता के पूरा होने की आशा में था।

तुम मेरे ठहरे हुए प्राण मेरी आँखों में देख सकते हो–

पलकों की स्थिरता से जो विकल न होने के तीक्ष्ण में सायास
किसी के हस्तक्षेप की घबराहट से बाहर निकली हुई
लाल न होने को जड़ : लाल।

बारिश के न आने की नमी

बारिश के न आने की नमी
इतनी गहरी है कि मैं सारा दिन
इस ताप में डुबा देता हूँ
कि इस उजली धूप ने मेरी देह को काला किया है!

मेरे भीतर का सारा पानी रिसकर
कहीं समुद्रों में बैठ गया है, और मैं यहाँ
एक बूँद को भीग रहा हूँ
कि ऐसा सूखा नहीं देखा कभी!

जिसकी प्रतीक्षा में मैं ने सीमा पार की है--
वह कहीं दूर होता तो उसे खोजते हुए
मैं खो नहीं जाता?

विपथ

केवल रास्तों के भटकाव की बात नहीं है।
या केवल भाव की।–अ-भाव ऊजड़
एक–

कि इस जंगल में खिले हुए
इतने-इतने फूलों की सुगन्ध
[कि, फूलों के खिलने की जगह जंगल है।
–फूलों जितना जंगल।]
उलझी हुई हवा में–
निर्लिप्त उद्धव को ऐसे भटकाती है-
भ्रमरों को अपनी ओर खींचती हुई-
जैसे कहीं कोई रास्ता नहीं बचा-
कि मैं सोचूँ कि वह क्या है, जो नहीं है?

ओह, यह मेरा निर्बाध विपथ होना कि
मूर्त-विधान की चेष्टाओं में
कोई कौतूहल नहीं है!

कोई संकोच नहीं है कि तुम्हारी ओर आते हुए
मैं रास्ता देखूँ–
और भटकूँ कि ये मधुप मनुष्य नहीं हैं
इसलिए
मेरा रास्ता काटते हैं!!

समय-असमय के बीच

असमय : देखा कि एक काँटा चुभा
तो रक्त को मुँह लगाकर
दर्द का स्वाद चखते हुए मैं ठहर गया कि आगे क्या है!

या कोई फूल काँटे की तरह गड़ा
और मैंने साँस रोक ली कि "मेरा लहू पीकर
तू लाल होता है,
निष्ठुर!"

विरक्ति का कोई क्षण मुझे मिले तो आश्चर्य हो;
कि समय-असमय के बीच आकाश कोई पदार्थ नहीं है—
फिर वह मुझे दिखाई दे तो दे :
राग जैसी कोई वस्तु नहीं है
कि श्रम करते हुए काँख काट ले!

बगल रोक ले कि इस पसीने में लवण बहुत है!!

बारिश में आओ

कभी ऐसे बारिश में आओ,
जैसे बारिश आती है।

कभी छूकर मिट्टी को
सौंध उठाओ
कि वह उपजाऊ है!

कभी जी भर देह हरी कर जाओ!!

मौन के मुख

मौन के मुख सब कहूँगा :
                    आँखें मूँद लूँगा
                    और देखूँगा :

विहग की उड़ानें झाड़–
पृष्ठ पर छोड़ जंगल-नदी-पहाड़–
क्लान्त शब्दों को अवकाश दूँगा,   व
'चूँ' नहीं करूँगा कि मैं लौट आया हूँ नीड़ अपने।

एक दिन मैं कविता नहीं लिखूँगा : पढ़ूँगा
केवल।

नील उतरा हुआ पृष्ठ पढ़ूँगा,
एक अन्तिम कविता की तरह–
यथा, मैंने यही लिखने में इतने शब्द व्यर्थ किये :
                                        एक दिन–

                    मैं शब्द का मूल्य समझूँगा–
                    और अपने समक्ष पृष्ठ पर हूँगा।

वर्षाकाल की अ-ऋतु

निर्दिष्ट : एक ओंक-भर प्यास
मरुस्थल भीतर। और
मैं भटका हुआ
कि--किस ओर?

वर्षाकाल की अ-ऋतु!
तुम आँखों में इसलिए हो?

यदि सूरज पर पानी फिर गया है
तो अँधेरे का इतना अकाल क्यों? कि मैं-
आँख मूँदकर भी कहीं पहुँच जाता हूँ :
ओ! प्रेयसी,

तुम हो। या
नहीं हो।

या मैं हूँ—तुम्हारे भाव से या अ-भाव से
गिना हुआ।—नहीं गिना हुआ :
कि यह नीला पड़ा हुआ शून्य

मैं देख कैसे सकता हूँ?–जबकि,

मेरी आँखों के सामने इतनी धूल भरी बारिश है
कि, डूबे हुए उजाले में पाताल भी नहीं सूझता–और,

मैं कहीं तह में होने को निश्चित करता हुआ
तुम्हारा नाम लेकर
जीभ काटता हूँ कि अब कुछ कहने को शेष नहीं रहा!

छाँह जैसी धूप

छाँह जैसी धूप मेरे स्वप्न में थी।
मैं आँख मूँदे सो रहा था–उस समय
एक क्षण सहधर्मिता का हो रहा था।

अब जीवन जैसी मृत्यु मेरी आँख खोले-
एक कविता–पृष्ठ पर वह
मौन बोले!

मैं हारकर कामना करूँगा

शान्ति की अपील होती रहेगी।
युद्ध अनिवार्य है। भावनाएँ/भावुकताएँ
आहत होंगी तो होंगी।

मन मारे जाते रहे हैं। मारे जाते रहेंगे।

इच्छा के विरुद्ध
मैं आन्दोलित होकर
अपने अस्तित्व की बलि दूँगा।   और
लड़ूँगा उन प्रेम-कविताओं से;
जो मुझे पढ़नी थीं। [जो मुझे लिखनी थीं।]

मैं पृष्ठ पर बूर दूँगा तुम्हारी स्मृतियों को!

मैं अपने धड़कते हुए प्राणों को आग पर रख दूँगा
–और इस धुएँ में रहूँगा
कि उनका अब कोई मोल नहीं है!

मैं अपने लिए ऐसा कुछ नहीं रखूँगा
कि मुझे मरने का भय हो–

मैं अपनी पीड़ाओं/असफलताओं से असमय रचूँगा
तो द्वन्द्व में उन मधुर क्षणों को इतना गूढ़ रखूँगा
कि उनकी ध्वनियों तक मेरा क्षय हो!

मैं हारकर कामना करूँगा कि, "जय हो!"

मैं ने केवल कौतुक रचा है

मैंने
हथेली में पानी रखकर
नावें बनायी हैं।

मैं
नावों में पानी भरकर
तैरा हूँ।

मैं तट तोड़कर झीलों को पहुँचा हूँ।

मैंने आँखें मूँदकर तुम्हें देखा है
कि, तुम दिखाई नहीं देते।

उलटबाँसियों पर विश्वास करके
मैंने इसलिए कौतुक रचा है कि तुम अँधेरे में हो।

मैं ने
केवल कौतुक रचा है, प्रिये!–
ईश्वर उसमें अपने आप प्रकट हुआ है।

औषधि

साँझ का मुख
मौन—झर गयी एक बात
जैसे।

झर गये घुन काठ के;
काठ जैसे झर गया :

देह चमड़ी से उतरकर रह गयी।

× × × × × × × × × ×

व्याधियाँ सब आत्मा की मुक्ति की एक औषधि हैं?

नहीं

मैंने बस इतना ही देखा :
हमारे बीच कुछ है–
हवा की तरह दो पृष्ठों को छुआता/
अलगाता।

यह जानते हुए भी कि मेरा समक्ष तुमसे रिक्त है;
मैं बार-बार पलटकर देखता हूँ!

मुझे समझ नहीं आता कि वह क्या है जो तुम्हारे न होने
से मुझे अलगाता;
मेरे लिए साँस बटोर रहा है?

ठीक है--भटकना मनुष्य होने का धर्म है;
किन्तु, प्रतीक्षा की इयत्ता से बाहर
यह पथ जो बेड़ी बनाकर मैंने पाँवों में पहना है–
मैं इसे चूम कैसे रहा हूँ?

नहीं!–नहीं!!–

यह चूमना हवा की तरह नहीं है :
दो पृष्ठों को छुआता/अलगाता–हमारे बीच!

कौतुक है उजास

आप से उलीचने लगा पानी।
ठोस पत्थर आग से
        बाहर हुआ जैसे
        मिट्टी का डगला।

मैं हर क्षण चला हूँ–
अ-समय पहुँचने में तब मुझे सदियाँ लगी हैं।

ये नदी-पहाड़-जंगल सब पार करने के बाद
मैं ने इस समतल पर पैर रखे हैं कि एक भूख पाथेय है,
                                                            और,

कौतुक है उजास : कि, मैं यहाँ आँख मूँदकर आया हूँ!

विसर्ग के अन्तर्भूत व्योम

विसर्ग के अन्तर्भूत व्योम!
तुम्हारे विस्तार का असीम ध्वनि-नील
मैं रात भर तारों के ऊपर देखता हूँ :

मेरी हथेली में ऐसी कोई रेखा नहीं है
कि मैं मुट्ठी बन्द करके कुछ कह सकूँ :

लिखी हुई कविता को पोंछकर
पृष्ठ को कोरा करने में असफल—मैं
स्वीकार ही क्यों किया जाता हूँ?

ओह, तुम!

क्या इसलिए मुझे कोख से ख़ाली कर गये कि,
मैं व्यर्थ ही काग़ज़ नीला करके
पछताया करूँ, "यह सच नहीं है!"

मन को मारा करूँ—
और पृष्ठ फड़फड़ाया करूँ!

आवाज़ों को बल देकर

कुछ आवाज़ों को बल देकर
गला गाँठ रहा हूँ   कि,
एक दिन तुम्हारे नाम पर तुम्हें झूलता हुआ मिलूँ।

एक दिन

आवाज़ों को हाथ देते हुए
तुम मेरे गले को पहुँचो–

और   देखो कि मेरा मुँह निकल आया है!

रोशनदान

मैं अपने कमरे में हूँ। इस कमरे में
एक रोशनदान है। गोल। थोड़ा–
रोशनदान–
इसलिए मुझे सूझता है।

बन्द दरवाज़ा। बन्द खिड़की। बन्द आलमारी।

मुझे लगता है मैं इन्हें खोल सकता हूँ–
इसलिए–

मैंने उस पर आँखें ओट दी हैं और
पंक्ति गिराकर कोष्ठक से रिक्त हो गया हूँ।

ये काँटे की तरह चुभते रास्ते हैं

ये काँटे की तरह चुभते रास्ते हैं।
यदि मैं कहीं पहुँच गया
तो कहाँ जाऊँगा?
        —कि, वह जंगल सूख जायेगा;

जिसकी हवा में शहर साँस लेता है।

कटे हुए पेड़ों की काठ-ध्वनियों से
मृत-भावना को रोती कविता
पृष्ठ से अपनी स्याही छोड़ने को क्षीण
किसी के पढ़े जाने को होती
[या न होती]
आँसुओं के लिए मरी जायेगी!

मरुस्थल

पीले, गन्धहीन फूल :
मरुस्थल सत्यानाशी!

मिट्टी भूरी है तुम्हारी। इतनी-इतनी मिट्टी–
भूरी इतनी-इतनी
कि तुम गर्व में तपो–और

साधते रहो,

सर्पीले पानी का सम्मोहक भटकाव :

मेरा गला पकड़कर तुम उगलवाओगे मेरी प्यास
और लोगे प्राण–
कि, तुम्हारे निर्जल-निज के अन्तर्गत
मैं मरने को दौड़ता हूँ–अभिज्ञ
इस रेतीले सौन्दर्य से;

जिसके पानी होने की कल्पना मेरे भटकने के गर्भ में
शिशु है, सदा।

झील

पानी को कहीं तो रहना है, इसलिए
झील बनी है।

झील बनी है कि हवा ने मिट्टी काटी है,
और वह उच्छेद हवा का आया है,
कि मिट्टी कटे।

मिट्टी कटी है कि जैसे समय कटता है—अपलक;
और आँखों में पानी आता है।

आँखों में पानी आने के पीछे जो गर्मी है
उससे तुम दूर रहो, प्रिये!
उसकी झील बहुत गहरी है।

चक्रवातों में उसी की मिट्टी गोल घूमती है।

उसी को हवा झोंकती है तेज़ आँधियों में।

जाओ

जाओ।
मेरी कठोरता से दूर जाओ :

तापे गये लौह पर
'हुँफ्-हुँफ्' हथोड़े की चोटों के निकट
मेरे भय का शीलभंग हुआ है।

मैं अपने से इतना संगठित हो गया हूँ
कि बहुत बरसातों के लिए
मुझे खुले में छोड़ जाओ।

जाओ।

कितनी ध्वनियाँ मेरे सिले हुए होठों पर हैं

जिस फूल का मैं नाम नहीं जानता,
साँस लेता हूँ तो उसकी सुगन्ध भी मुझे आती है।

जिस पक्षी को मैंने केवल चित्रों में देखा है,
पलकें उठाता हूँ तो वह मुझे आकाश छुआता है।
ले जाता है क्षितिज की ओर।

यों, कितनी ध्वनियाँ मेरे सिले हुए होंठों पर हैं, कि
यदि छू लो तुम उन्हें होंठों से तो जीवन भर गुनगुनाते रहो।

जीभ लगाते रहो स्वर–कि जिन्हें साधने में
कण्ठ-के-कण्ठ बैठ गये हैं।

अ-समय साधने में

अ-समय साधने में कितनी व्याधियाँ हैं,
एक पथ बनी हुई–
जिसके सहारे मैं चला जाता हूँ उस ओर   कि,
कहाँ मुझे ठहरना है?

एक रीढ़ की लचक मारकर
जितना जो उसका पेट में लिया है,
उसी का अपशिष्ट है यह प्रश्न–
कि, सहस्र वर्ष चलने के पश्चात् भी मैं कहाँ पहुँचा हूँ?

..जबकि,
अनगिन रास्तों का एक जाल मैंने बुन लिया है।

मैं हवा को धन्यवाद कहता हूँ

जब एक टहनी के फूल को
दूसरी टहनी छूती है,
तब मैं हवा को धन्यवाद कहता हूँ!

मैं इस साँस में रहता हूँ कि हवा पर यक़ीन से
एक टहनी फूली है,
और इसलिए दूसरी झूली है।

उत्प्रेक्षित सुख

बुझे यह ताप–
जिसकी पहुँच के भीतर
दीखते दृश्यों के मध्य
मैं जल रहा हूँ। जलकर भस्म हो रहा हूँ।

खिंचें यह देह के सींखचे–
अकुलाते प्राण जिनमें
उन्हीं की वासना से
न छूटने को दुःख पाते।

ओह, यह जगमग करते
मेरी ही आँखों से
मुझे दर्पण दिखाते–उत्प्रेक्षित सुख!

इतने अँधेरे में

इतने अँधेरे में;
जहाँ मैं स्वयं को स्पर्श करके आश्वस्त करता हूँ
कि कहीं कुछ सूझने को है—
मूर्त-अमूर्त की एकता के मध्य—किन्तु,
क्या वह लौ ही है—दूर—बहुत दूर—
देखने को जिसे पलकें बार-बार झाँप देती हैं कि
आँखों के पानी पर काई बुझती रहे और
पथ एक आकाश जैसा समतल इस सन्दिग्ध धरातल पर बने!

क्या मैं उसी लौ में लय होकर
इस अँधेरे में हूँ कि जिससे इतने सारे दृश्य प्रकाश में आये हैं;
सब उसी ओर पतंगा होने तक/
पतंगा होने के पर निकलने तक
मिट्टी में दबे रहेंगे—
और एक तरल ऋतु में दुःख की तरह फूटकर बाहर निकलेंगे?
[नभ के नील को ढाँक लेती जलमुद्रा में स्नान करके कि
सुख का कोई प्रश्न ही नहीं उठता!]

क्या मुझसे इतनी धुल गयी है मिट्टी
कि न अँधेरा शीत लगता है?–

न लौ ताप देती है?–

आह! है क्या मेरी देह का प्राण
गिनती के बिना सत्ता-शून्य आकाश–इसलिए?

क्षोभमण्डल के परे

क्या मैं देख सकता हूँ, क्षोभमण्डल के परे जाकर
आकाश का यह नील?

हवा के तट तोड़कर बही जाती चिड़िया
उसी तरह साँस लेती है,
जैसे वह आकाश छू आने के जल में डूबी, नीली-
प्यास भरी?

क्या मैं तुम्हें छूकर तुम्हारे उतना ही निकट आने को हूँ?

तुम्हें चूमकर उतना ही विचलित हूँ;
जितना तुम्हें चूमने को होकर?

ओह, वासना!–
तुम्हारे शान्त होने से स्खलित
प्रेम साधु हुआ है तो क्या! प्रेयसी के शिथिल मूर्त में
निष्प्रभ प्राण
मेरी कविता के नहीं...!!

बुद्ध का मौन

मौन के भी टूटने की आहट होती है?
किंवा वह टूट जायेगा—
जैसे मन टूटता है कि किसी ने उसे छुआ भी नहीं!

मैं बुद्ध के मौन को कान लगाकर
वह ध्वनि छूना चाहता हूँ
जो मेरे होंठों से बँधी है—
और होंठ ऐसे सिल गये हैं;
जैसे आहत हुए मन की मुद्रा पर पलकें गिर गयी हों!

पलकों पर भौहें स्थिर हो गयी हों!!

रात भर कहानियों के घाव भरता हूँ

जैसे कोई बिखरी हुई किताब
एक पृष्ठ खो जाने को फड़फड़ा रही है
हवा में।

[जैसे बिखरी हुई किताब का एक पृष्ठ खो जाने को
किसी ने हवा दी है।]

जैसे कुछ पंक्तियों के लिए भटकती
एक आधी कहानी
हवा में कविता हो गयी है।

ऐसे तारों के अगणित होने का अँधेरा
इस क्षोभमण्डल से
आकाश को नीला रखता है।

धरती इसलिए हरी रहती है कि मैं कविता पढ़ने की तरह
तारे गिनता हूँ
और रात भर कहानियों के घाव भरता हूँ!

मैं तुम्हारी स्पृहा से रचा हुआ हूँ

अ-समय दृश्यों का विचलन है :
विहग की उड़ान की भावधारा में
आकाश होने का अनिच्छुक :

एक लहर

नदी की–
नदी से इतर
पानी में लीन हो जाने को :

मैं-

देह लगाकर आत्मा बचा लेना चाहता हूँ :

क्षोभमण्डल की इयत्ता में
मुझे मुक्ति मिले तो मैं तुमसे प्रेम करूँ!

तुम्हें छूकर देखूँ कि मैं तुम्हारी स्पृहा से रचा हुआ हूँ! ..

चक्रवातों में

गर्मी सारी चक्रवातों में गयी।

जैसे इस मैदान की धूल उस मैदान में जाती है
कि चक्रवातों में कहीं भी जाओ!

दिशाओं पर झुँझलाई हवा मेरी साँस में है
कि मैं साँस न लूँ!

प्राण भटकते हुए रेगिस्तान तक पहुँच गये हैं
कि ताप का अन्त होता है!—
इसलिए अब बारिश आयेगी   और
यह भूरी रेत कटेगी
तो काली हुई देह पर धरती का हरा होगा।

शहतीर

कीट जैसा कीट।
मैं नहीं। पर
आत्मा में-

देह जिसकी नोक पर है।

झर रही हैं आँख जैसे।
दृश्य सारे झर रहे हैं।

एक यह शहतीर
कब का घास-फूस के नीचे ढीठ।

गहरा

इतना गहरा हो गया हूँ   कि,
                    आकाश से नीचे
कुछ नहीं दिखाई देता।

निर्जल कूप का वह मेरा अँधेरा भी नहीं–
                                        जिसे बूरकर
            सब बराबर किया जा सकता है।

निचोड़े गये कूप में आकण्ठ है
बुझी हुई मेरी प्यास–
जिसे झाड़ो तो आकाश गर्द उठता है
और कोई कण चुभता नहीं!

संकेत

उसने कुछ नहीं कहा। किन्तु,
वे संकेत शब्दों से सुन्दर थे;
जिन्हें छिपा लेने के व्यस्त में वह
प्रकट करती है बार-बार ..

क्या उसने वे कविताएँ पढ़ी होंगी?
शब्द जिनमें संकेत मात्र हैं   और
जिनके अंकित होने में
कवि का संकोच अतिरिक्त विराम-चिह्नों में स्याही-सा
फैला हुआ है!

प्रेम की अतिरिक्त भाषा में
कितनी सिलवटें बिस्तर पर रात भर की छोड़ी हैं;
तो सवेरे उठा गया है?

कितनी करवटों में कहा गया है, "मुझे नहीं पता!"

"मुझे नींद आ रही थी!"

मैंने उसे ऐसे जाते हुए देखा है कि तुम मेरी पीठ छू रहे हो!

वह मुझे ऐसे अपनी चाल पकड़ाती है
कि मैं केवल बिम्ब बनकर रह जाता हूँ–
जैसे तुम कविता पढ़ते हुए
उसके प्रेमी हो!

आवरण

अमूर्त पर उसी का एक आवरण है।

देखो मेरी चिन्ता;
और कहो,

[और आँख मूँदकर कहो] कि-
मैं कुछ भी ढाँप नहीं सकता!

त्वचा छीलकर मेरा रक्त-मांस हाथ में लेना लो
और बताओ,
मुझे कितना दर्द हो रहा है?

तुम मेरी ओर देखे बिना बताओ,
इसमें कहाँ मेरा सुख है?
जिसे तुमने

मुझसे छीन लिया!

मेरी कराह सुने बिना कहो कि मैं जीवित हूँ!

मेरे शत्रु! बताओ–

बताओ कि मैं तुमसे प्रेम करके दुःखी हो रहा हूँ!

मैं चाहता हूँ कि तुम जहाँ भी हो–
जिस भी जगह–बता सको–बताओ–
जितनी मिट्टी तुमने अपने लिए काटी है;
मैं उतना गहरा हो गया हूँ!

इतना गहरा हो गया हूँ कि तुम्हें दिखाई नहीं देता!!

[ऐसे नहीं कि तुम मिट्टी तौलकर बताओ,
"नदी पहाड़ की ऊँचाई जितनी गहरी है

और पत्थर

पानी के विचलन जितना कठोर है।"]

आकाशमृग

आकाशमृग-सा भटकता हूँ।
वह भावना—

कि सुगन्ध भी मिले तो
साँस न लेने का ध्येय समझूँ :
भुखमरी के इस संसार में

अ-भाव का स्पष्ट होना कितना सुन्दर दुःख है!

रोटी को गोल बनाकर सेंकना
कितना सुरीला है,
जीभ पर!!

झर जायेंगे

झर जायेंगे यह पत्ते।
पीले होकर
पेड़ से उतर जायेंगे।

जिन्होंने इन्हें कोपलों से देखा है–
वे भी क्या?   इनके पैरों तले आने पर
गुज़र जायेंगे!

मैं कविता पढ़ते हुए सोचता हूँ,
"कवि! तुम्हारी बात ऐसे है–

कि, किसी छूटे हुए शब्द पर आँख धरी गयी
तो यह पेड़ मर जायेंगे!"

नेपथ्य के विराट

नेपथ्य के विराट!
तुम्हारा स्व-शून्य का उचाट
साधुवाद की मौन-ध्वनि भी यदि अर्जित करता
तो क्या यह सारा स्वाँग
तुम्हें स्वप्न में भी सुख देता?

मेरे अनुलोम!
प्रेम के लिए नगर-नगर भटकते
तुम, इतना विचलित करते हो;
कि मैं हर अंक में अँधेरा ओढ़कर दृश्यमान होता हूँ!

संसार में तुम इतनी लघुता से खो जाते हो
कि मैं हर क्षण तुम्हें प्यार करते हुए खोजता हूँ!

जैसे प्यार करते हुए खोजना
तुम्हें नेपथ्य में ले जाकर रहना है!!

बुझे हुए दीप की लौ

बुझे हुए दीप की लौ है
यह अँधेरा।

...अब केवल लौ दिखाई देती है
कि जैसे कुछ देखने की आवश्यकता नहीं रह गयी।

आँख मूँदने और खोलने की एकता
अन्तरंग दृश्यों में आलिंगन भर है।

मुझे पारदर्शी न कहो

नदी की तरह भरी ही कोपलें,
इसलिए नदी की तरह सूख गयीं?
[जैसे पानी के पक्ष हरी ही..]

क्या होता? यदि नदी का पानी
पककर पत्ते की तरह पीला होता
और छिटककर झील से
उड़ता हवा में!

या

पैरों तले आता कहीं तो मुरमुराता कि,
"मुझे पारदर्शी न कहो!"

धूप-सा ही मौन धुलकर क्या रहेगा

धूप-सा ही मौन
धुलकर क्या रहेगा?
छाँव जैसा एक अँधेरा :

रो चुकने के बाद
जैसे एक हिचकी आँख में अटकी हुई

गाँठ मन की है।–
खु ले गी ?

टीस : जो आकाश में तारे उगे हैं,
और सूझते हैं दूर इतनी कि जहाँ हम
हथेलियों में आस बाँधे
टुकटुकाते–

किन्तु, मुट्ठी भींचकर

एक साँस ध्वनियों की–कि जैसे मौन पर
गम्भीर कि गम्भीरतर

आँख मिंच जाने की सीमा छू रहा हूँ :

बोलता हूँ। या कि-
एक चुप चू रहा हूँ।

चू रहा हूँ? इसलिए कि बात पानी से धुलेगी!

नदी के प्रति

लहरें टूट जाती हैं,
नदी की ओर...

पहाड़ भँवर में नहीं पड़ते :
पहाड़ों को पता है,

मिट्टी पर जँचकर पत्थर होना बहुत कठिन है--जब वह
नदी में अपना प्रतिबिम्ब देखते हैं।
[किन्तु, नदी में

वह अपना प्रतिबिम्ब देखते हैं।]

नदी में इतना सारा पानी है कि वे किनारे ढहा सकती हैं
किन्तु, पहाड़ों में उन्हें अपना प्रतिबिम्ब नहीं दिखाई देता।

अ-भाव के नीलाभ

अ-भाव के नीलाभ तुम : कि जैसे-
रिक्त स्थान की पूर्ति का विकल्प न होने की चोट।

जब अपने उदर की भूख ही हाथ नहीं लगती–
तुम मेरे दृष्टकूट पद रचने का आशय इस तरह समझो :
मैंने अपनी छाया में आने के लिए इतनी धूप काटी है
कि काला हो गया हूँ!

धूप मेरी देह पर जितनी चढ़ी है
उतना रंग उसका मुझसे छूटा है।

जब तुम मेरे प्राणों से उतर जाते हो;
[ऐसे ताप उतरता है।]
तब मैं शून्य के होने का आशय समझता हूँ–
इस तरह,

जैसे मैं तुम्हें गिन नहीं सकता
और मेरी कोई गिनती नहीं।

मैं ने आकाश का नील निचोड़ लिया है

मैं ने आकाश का नील निचोड़ लिया है।
अब आँखें उठाकर देखता हूँ,
"कोई अन्त नहीं!"

"विष से बाहर हुए सर्प ने रेंगना छोड़ दिया है!"
यह अच्छी बात हो सकती थी किन्तु,
यह बात नहीं।

एक मूर्त इकाई में
आत्मा की चेष्टाएँ झुठलाते हुए
मैंने चिड़िया के पर कतरकर
उसे हवा में उछाल दिया है कि
यह उड़ेगी!

सर्प को विष से बाहर करने के मेरे अर्थ
मेरी कला की पूँजी हैं–
जिन्हें कविता सिद्ध करने में
मैंने चिड़िया को उठा लिया है।

ऊब

ऊब–कि, पीठ पर चढ़ी
धूप का पसीना छाती को नहला रहा है;
और मैं नहा रहा हूँ।

चार डग दूर है बरगद बूढ़ा–
छाँह : एक आशीष गहराये–
किन्तु, मेरे पैर एड़ियाँ घिसी चप्पलों में
गर्म मिट्टी पकड़े ऐसे खड़े हैं,
जैसे आग की मौत पर स्तब्ध जल :
जल-हीन-जल!

एक, लिखकर समेटी हुई कविता
जेब में पसीजकर पृष्ठ से बाहर हो गयी है।

छूटी हुई स्याही से नीला जाँघ का कपड़ा
अनिच्छाओं के नग्न आकाश का पहराव है
मेरी देह पर :

स्पर्श की मृत्यु पर
स्तब्ध खड़ा प्रेम यदि है तो वह ऊब
कि जो टूटे तो तुम्हें हिचकियाँ आयें।

और मेरी आँखों में इतना पानी भर आये
कि सारे दृश्य आँखों में तैरने लगें,
जैसे पानी में मछलियाँ तैरती हैं।

मैं एड़ियाँ घिसी चप्पलों से पैर नंगे कर
चार डग काले कोस छाँह दो फलाँग में टाप जाऊँ;
कि कितनी आग है–
ओफ़्फ़!

स्पृहा

स्पृहा; पीठ पर पुते काँच की नहीं
मेरी–कोई चेहरा :

मैं हतप्रभ होता हूँ कि,
जो तुम मेरी आँखों में झाँककर कहते हो,
"मैं वैसा ही दिखाई देता हूँ!"

मैं बार-बार तुम्हें पलकें झपकाकर देखता हूँ,
जैसे मुझे दृष्टि-दोष हो गया है।

पानी भर आने तक एकटक विश्वास करता हूँ
कि, मेरी आँखें पथरा गयी हैं।

स्पृहा : तुम मेरी आँखों में इतनी देर तक देखो
कि सूरज पूरब से पश्चिम तक चला जाय–
एक क्लान्त किन्तु स्वर्णिम दीप्ति की छाया गाढ़े!

डूबने और तैरने के बीच

आकाश को मैं नीला ही देखता हूँ
...जब भी देखता हूँ।

मैं तारों को देखकर अनुमान लगाता हूँ कि,
आकाश उनसे उतना ही ऊपर होगा
जितना पृथ्वी उनके नीचे :

कुछ होने और न होने के बीच तारों का अनगिन अन्तर है।

आँख में गिरकर मरे हुए रंग का दुःख इतना गहरा है
कि मैं पंक्ति के रिक्त स्थानों में
नीले रंग की कल्पना करके उन उड़ते हुए पंछियों से भर जाता हूँ;
जो साँझ होते लौट आयेंगे।

आकाश के विस्तार जितनी गहरी पृथ्वी पर
इतने रंग हैं कि मैं पाताल में उतरने से पहले
आकाश की ओर देखता हूँ
व प्रार्थना करता हूँ :

मैं साँझ के लौट आते पंछियों की आँखों में अँधेरा चीन्हता हूँ;
तारों के नीचे--जिसमें वह डूब जायेंगे।

मैं डूबने और तैरने के बीच तारों को देखता हूँ
—और नीला पड़ता जाता हूँ।

आलोक-ध्वनि

आलोक-ध्वनि।
वह अँधेरा :
            भीतर भरा मुझसे
                        मेरा।

एक दिन चला मैं इतना
कि देखा वह सब जितना
थकाने को मुझे
बहुत था...

मुझ पर इतना चढ़ा ताप कि मुझे रात ने घेरा–

जलता था रक्त आत्मा
                जैसे आग।
                उमस।

और मैं था कि मेरी आँखों में सोने की जाग :

तो! वह फूल तेरे थे।
बाड़ तेरी।
राह तेरी।

पहाड़। नदी। निर्झर।
दिन।

सब तेरा था।
मुझे चुकता
तेरा :

तेरा-केवल-तेरा

यह देह का धन।
आत्मा।
आत्मा का अनुराग।
यौवन।

..मैं दिन भर का बुलबुला।
तुमने गोता खाकर मुझे पानी पर उकेरा।

मैं तुम्हारी साँस से भरा।
[रहूँगा तो रिक्त जिससे]
और जिस आवरण में भरा
वह भी क्या मेरा?

विवर्ण समय

विवर्ण समय–
मेरे मुख पर होने/न होने के द्वन्द्व से
सिलवटें रचता है।

तुम इस कक्ष की
भीत पर टँगी घड़ी के काँटे देखकर बताओ :
"कब तक यह 'टिक्-टिक्' रहेगी?"

[या मैं यह चेहरा ही उतारकर रख दूँगा।]

ओह, प्यारी!
मत रोओ..

लो, मैं अपना चेहरा तुम्हारे हाथों में थमाता हूँ–
तुम पहले घड़ी को भीत से उतारकर
इसके काँटे तोड़ दो!

और इस घड़ी को इस कक्ष के बाहर छोड़ दो!!

कली पर भार इतना गन्ध का है

कली पर भार इतना
गन्ध का है
कि भँवरे खींच लेना है।
[कि, भँवरे साँस लेते हैं :
कली की गन्ध-भर बेचैन साँस
—जो आती कैसे है?]

पत्तियाँ कोमल हैं। यथा,
मरा हुआ एक बाल जल में खींचकर देखा;
वेदना की सूक्ष्म लहर एक
दूर तट तक नदी को अकुला चलती है।
[या कि मुझको छू कभी तू—
देखती भी है नहीं तो क्या कहूँ
उस भाव-रव को?]

एक लहर जो सूक्ष्म-सी नदी में
डूब जाती;
उबर आये कली पर
तो तुझे मैं लाल देखूँ।

[तुझे देखने में आँख जैसे लाल मेरी :
रात भर के जागते सूरज की पहली
झाँक तुमने देख ली है!]

मैं तुम्हारी झाँक उस कोमल कली में
चूम लेता हूँ–

तुम्हारे होंठ-सी जो लाल अपने चूमने को हो रही है। कि
चूमने भर से हँसी छिल जाय
इतनी कि राग की वह पीड़ा-
पुहुप खुल सके!

निब की टूटी स्याही से

निब की टूटी स्याही से
पुरानी सब कविताएँ कुरेदकर रख दीं
मैंने,

फिर काग़ज़ वे कोरे बने तो पाया,
शेष सब घास है :
क्यों कि,

मेरी पीठ पर इतना मौन धरा था कि,
कुछ बोलते छाती फटने लगती थी।

अब कहने की कोई बात नहीं रह गयी है, तो
क्यों पृष्ठ को इतना नील वहा जाय?—यथा,
शब्द इतने हो गये हैं कि क्या कहा जाय?

एक असम्भव बात का तू मौन है

एक अ-सम्भव बात जैसे बोल दी, मैंने।
[बात जो कि थी—!]

फिर मौन उसका-सा ही क्या मैं गुन रहा हूँ :

अर्थ जिनके शब्द न थे। [शब्द न हैं।]

[होंगे भी क्या?]

: चुन रहा हूँ ताप का तन
छाँह जैसे धूप की
चुन रहा हूँ।

एक असम्भव बात का तू मौन है? सुन रहा हूँ।

मैं शून्य में समाने वाला हूँ

शय्या की सिलवटों से
उठा मुझे,

दूसरी करवट दिला :

अँधेरे में,

मेरा हाथ छाती पर आ गया है–
और मैं न आने वाले सपने को पा गया हूँ!

झकझोर आ : सिरहाने पानी रख;
राई-लौण छुआ मुझे :

अपनी छाती से लगा कि तुम्हारे उभारों से गिरकर
मैं शून्य में समाने वाला हूँ–

"तुम्हारी छाती पर नील पड़कर चोट खाने वाला हूँ!"

बचा, मुझे!

चिड़िया ही तो है

भूखे बहेलिये ने
चिड़िया के पाँख ऐसे उखाड़ लिए–
जैसे पाँख ही तो हैं!

फड़फड़ाती चिड़िया को ऐसे मुट्ठी में भर लिया–
जैसे फड़फड़ाती ही तो है!

यों–
कितने आकाश चिड़िया चहके? [या न चहके?]
कि, बहेलिये की भूख से ज़्यादा उसका मांस हो?

यदि चिड़िया ही तो है!

रात में भी घूमती है धरती

रात में भी घूमती है धरती।
अँधेरे में भी
गतिशील रहता है समय।

दुःख में भी तुम्हारा ध्यान आता रहता है।

जंगलों में भी करता रहता हूँ
मैं, तुम्हारी प्रतीक्षा।

गुफाओं में भी
चमगादड़ों से कान छिलवाता रहता हूँ, और
नोचता रहता हूँ आवाज़।

सब भूला हुआ-सा सोचता रहता हूँ।

खोया हुआ मैं तुम्हें खोजता रहता हूँ।

निर्वैयक्तिक

निर्वैयक्तिक, एक क्षण–
धमनियों के मौन में मरण :

झाँपते रहे पलक तुम
अ-समय के पक्ष में–

काँपते रहे,

आलोचक है निर्लिप्त जगी देह।
क्या तुम? तुम्हारा नेह–
प्राण!

नीला अँधेरा है [उद्दीप्त] इस कक्ष में–

तुम मिलाओ–मिलाते रहो–
धरती से आकाश के गण!!

धरती की खोह

एक फाहा बादल
कपास की टहनी पर टूटता कि
मुझे तोड़ लो–

सहला लो अंग वह अपना,
घाव जिसका सूख गया है–

निचोड़ लो, इस नीरस समय की ऊब :

यह खोह है धरती की
जिसके गहरे में कितनी ही नदियाँ लीन हो गयी हैं!

कितना ही पानी मिट्टी के भीतर बैठ गया है!!

एक टूट

एक टूट
            साँस की जैसे
                        हवा में ही–

मैं कटा अपने से।
अपने काँच से।

                    अपनी आँच से जला।

इतना गला कि पानी हो गया।
[कण्ठ में आबद्ध शुष्क अपनी
                        साँच से।]

ओह, मुझ पर मेरी छूट–

                    देह की इयत्ता में
                    मैं यहाँ से वहाँ, झूठ।

शृंखलित रीढ़ तान झूठ :

एक सच
        इतना लचीला [गर्वीला!–फिर भी।] कि झूठ-झूठ-
        झूठ!

अभिशप्त

भटकता–
तुम्हें चिन्ह लेने की चाह से
अभिशप्त, दो आँखें लिए–
दो पग
एक हुआ :

अपनी सत्ता के क्षोभ में
निर्जल हुआ जाता।
उबलता–
जलता अपने तले   कि, [प्रिये!]
यदि तुम्हें मिल पाता :

ओह, मूर्त के दाता!   विधाता!!
यह ताप का प्रेत   और
मेरा यह अन्धकार–
कविता के बिम्ब का मेरा प्यार,
केवल उदाहरण?

दुःख चिलकता है

दुःख चिलकता है,
जैसे प्यार–
एक ही तो है संसार।

इसके नीचे।

इसके ऊपर।

इसके दायें।

इसके बायें।

उलटबाँसियाँ हैं केवल : क्षण-क्षण केवल
बिन्दुवार :

है यों फल भी डाली पर भार,

न होने का नीला रंग है–
और क्या है आँखों के सार?

कहीं नहीं है अन्धकार–
दुःख चिलकता है,
जैसे प्यार :
तू मेरा अंग है बिन्दुवार!

अन्तराल

एक अन्तराल हमारे बीच
रिक्त और सूना :

ये जितने भी जंगल हैं
सरसराते, इस अन्तराल में
भरे [अन्तराल के]; सब एक रास्ता होने के लिए हैं।

और हम इन जंगलों के सहारे
प्रतीक्षा करते हुए एक-दूसरे के निकट आ रहे हैं–
जैसे कोई बातों-बातों में मौन साध लेता हुआ :

जैसे मौन दो शब्दों का एका है।

निष्प्रभ

निष्प्रभ एक।
हेतु-बिम्ब-विवेक : इच्छा के काँच छन।
धरती पर पैर न टेक।

कौतुक से कौतुक पाले।
तुम्हारी ढँकी सुबेरा के उजाले :
साथलों के तिल काले-
काले-
चमके मेरी आँखों में
[स्वप्निल]

यथा तारे,

ओह, इतनी दूर! आकाश तुम्हारे–

जितनी मिली मुझे सोच :
सब खरोंच–
तुम्हारे लिए, अपनी मिट्टी में बूर दी
[किंवा उँडेल दी उस पर अपनी मिट्टी।]
और रक्त से लोटपोट माथा
तुम्हारे द्वार पर रख दिया!

अब तू कह, "ये तूने क्या किया?   चीन्ह

देख!"

ओ तू एक   अनेक

: औ मैं   कौतुक-हेतुकी-अ-विवेक।

मौन ही रहा अन्त में

एक मौन ही रहा अन्त में।

प्रारब्ध से जो कहा,
जैसे कहा,
उसी का अन्तहीन अर्थ :

कविता केवल एक अनुग्रह थी कि,
संसार में होने का/रहने का अभिप्राय
अपने गाम्भीर्य से गूढ़ और गहन होते हुए भी
चेष्टाएँ कितनी स्पष्ट और मूर्त हैं?

एक ही मन की एषणाओं की स्पर्धा में
द्विपाषाण स्फोट की ध्वनि
हृदय को उसी की अन्तर्निहित अग्नि में उजागर करती है
तो वह जलता है।—

हृदय चिता की तरह नहीं जलता।
एक स्त्री की तरह वह जलता है कि,
एक कविता ही सती हो सकती है।
मेरी जिह्वा पर शब्द का धर्म

लार उत्पन्न कर पृष्ठ को ऐसे नीला करना है कि
कह तो दिया!

तुम मेरा मौन तोड़कर देखो, प्रिया!
दिगन्त में यह द्विपाषाणी स्फोट का धुआँ
पृष्ठ पर मेरा पौरुष है–
कि, मैं कविता लिखने में पहाड़-सा अपने पर
टूटा हूँ।

एक संसदीय बहस से दूर

एक संसदीय बहस से दूर
जहाँ आकाश और पाताल एक हो जाते हैं--
मैं आँखों में भर लेता हूँ क्षितिज का एक अंक   और

पलकें गिरा लेता हूँ।–

नेह के इस तर्कातीत सम्मोहन में
पुलकित हैं प्राण!

–और   प्राणों में पुलकित है नेह!

एक संसदीय बहस से दूर
जहाँ तुम और मैं एक हो जाते हैं--
प्रेम की क्षैतिज वासना से
रचते हैं जीवन।

प्रेम की क्षैतिज वासना से दूर
चलती रहती है एक संसदीय बहस।

साँझ के झुरमुट में

साँझ के झुरमुट में
एक थक आये पक्षी की अपील से
मैंने आँखें मूँद ली हैं। और देख रहा हूँ कि,
इसलिए
उसके उड़ान झाड़े हुए पर
मुझे निकल आये हैं :

थकान के ओड़ में शिथिलाता
उड़ने/न उड़ने को बराबर करता; वह
मेरी ओर सो जायेगा–तब मेरी आँखें
खुलेंगी।

मेरी आँखों में आकाश का ओड़ शिल पर उतर आयेगा।

अनजान देश से

अनजान देश से
कोई चिड़िया उड़ती हुई मेरी उँगलियों पर आयेगी
और पोरों पर पंजे कसकर
मेरी हथेलियों से समस्त रेखाएँ चोंच-भर ले जायेगी
नक्षत्रों की ओर :

एक कविता
मुझे जन्म देने से पहले
पृष्ठ पर एक घोंसला बनायेगी :

जन्मने में एक माँ
चहचहायेगी
प्रसव की पीड़ा के अक्षर व
उभार-भर दूध लायेगी!

क्षितिज के स्पर्श पर

क्षितिज के स्पर्श पर
एक चित्त : मैं समूचा–
कि जिनके अन्तराल में रीतकर
यहाँ तक पहुँचा हूँ :

[यहाँ 'मैं' अपनी कल्पना भी नहीं कर सकता।]

धरती-आकाश एक होने से पहले
धरती-आकाश एक होने का अर्थ
हमने इतना अहितकर नहीं किया होता तो तुम समझते;
मैं उस अन्तिम कविता को पहुँच गया हूँ
जिसे लिखने में मैंने इतने पृष्ठ नीले कर दिये।

इसलिए

–कि, मैं तुम्हें चाहता हूँ!

दो विषमों की क्षैतिज एकता के मान में

मैं अपलक ही रहा। अहर्निश
काँपती हैं जो पुतलियाँ
—कि, अ-समय
मैं तुम्हें प्यार करने को विवश हूँ।

तुम्हारी चिलक भी आँखों में इतना पानी भर-भर लाती है
कि संसृति डूब रही निरन्तर प्यास खोजने में।
[जैसे खोजना ही खोज लेना है]

करुणा के इस ध्वनि-प्रदेश में
वासना के पंक में दीन-हीन—मैं—
उसी में लय हो जाने को
तुम्हारी ओर :

यह जो हर ओर राग लगा है
[देह-अ-देह]
सब तुम्हारे समक्ष अपलक रहने के श्रम-सीकर से।
[जिससे जितना मैं कटता हूँ, उतना मेरा रक्त मुझ पर
चिलकता है।]

क्या तुम मुझे छूकर अपना समय नहीं जनोगी?
कि यदि

इस क्षण तुम्हीं एक सूत्र हो–
दो विषमों की एकता के क्षैतिज मान में–।

दो विषमों को एक-दूसरे से घटाती।–
[कि, "प्रिये,
यह योग की विधि है!"]

मैं तुम्हें झुठलाने से रहूँ

एक कविता वह भी–
जिसमें मेरा होना / न होना बराबर है :

तुम उसे पढ़ते हुए आकाश की ओर देखो,
और मुस्कुराओ–
कि, कितने तारे उसके नीचे चमक रहे हैं!

और ..

मैं कहीं रात काटता–कि,
यह अँधेरा इतना कठोर क्यों है?
नाख़ूनों से देह को नोचता;

जैसे यह घास-फूस का पृष्ठ न हो तो मैं तुम्हें झुठलाने
से रहूँ।

मुँह से छूटी ध्वनियाँ

मुँह से छूटी ध्वनियाँ
मुक्त होकर भटकती रहेंगी
मुँह पाने को
सदा।

विभाजित होकर
टकराना चाहेंगी अपने खण्ड।

अपने होने के कान ढूँढ़ेंगी।

वे जहाँ होंगी--
अपने न होने की आहट से
सदा-सदा टूटना चाहेंगी।

निरापद मौन की ध्वनि

यदि मैं आँखें भी मूँद लूँ
तो तुम सुन सकोगे--
निरापद मौन की ध्वनि?–
                    कि, क्षोभमण्डल में
              कहने के अतिरिक्त कुछ नहीं--

तुम्हें लगेगा मैं कुछ कह रहा हूँ।
कहना चाह रहा हूँ   या।

आह, फिर तुम वही कहोगे, "आँखें खोलो!"

"बोलो! बोलो!–कुछ बोलो!!"

और मैं तुम्हारे कहने से नीला पड़ा
हाथ में नक्षत्र खोले–
रेखाओं के पार–
                    सुन्न हथेली।

: तुम्हें अनुमान भी नहीं होगा कि मैं तुमसे कितना प्यार करता हूँ!

मरुस्थल की ओर

किसी नदी के तट पर चले जाओ
भटकते हुए–
कि, प्यास पानी से ही बुझती है।

यह सारे रास्ते मरुस्थल की ओर जाते हैं।

•

सहस्र
        नदियाँ
                पीकर
                        उपजे
                                मरुस्थल
                                        की
                                                ओर।

उस ओर
अपना गला दबाकर आँखों में पानी लाने के यत्न में
कितने ही गये
और मिट्टी होकर रहे।

प्रेम-कविता की इयत्ता

मेरे समक्ष एक लीक खींच दी गयी है   कि,
आकाश के ऊपर
दिखाई नहीं देना है :

जिस चौंध में एक छाया देखने के लिए
मैंने अपनी आँखें फोड़ ली हैं

या

जिस रोशनी में मैं अन्धा हुआ हूँ कि,
एक छाया मुझे घेर ले–

उस छाया ने मुझे घेर लिया है।

मैंने आँखें देकर आकाश को पोंछ दिया है।

मैंने दृश्यों के परे
तुम्हें आत्मा की तरह चमकाया है–
और एक अन्तिम साँस लेकर होंठ जोड़ लिए हैं
कि इस एकता का मौन ही उस प्रेम-कविता की इयत्ता है,
जिसे मैं शान्त होकर सुनना चाहता हूँ।

दीखने से दूर

दीखने से दूर दृश्यों की ओर
आँख करके मैं अन्धा हुआ हूँ!

ठहरने की दिशा में जाते हुए
मैं इतना दूर निकल गया हूँ–कि,–
लौटने के अपने लहूलुहान पैरों में गिरा हूँ!

धरती-आकाश एक होने के पीछे
यदि तुम्हें मैं दिखाई दूँ तो तुम्हारा!

धरती-आकाश एक होने के पहले
मैंने तुम्हें प्रेम किया था,
और तुम्हारे सपने देखे थे!!

ओ, पथ में पड़ी अचंचल झील

ओ, पथ में पड़ी अचंचल झील!
इतना तो ताल रखो कि किसी खेलते बच्चे की
नाव ठहर सके!

इतनी तो भरी रहो कि पथिक
कोई प्यासा
ओक-भर को न पाये जगह
तो घुटने टिकाकर थोड़ा चूम ही ले जल तुम्हारा!

होंठों पर जीभ फिराकर
चार डग और भरने जैसा हो जाय!

इतनी तो होओ गहरी
कि सजीली कली कोई
चटककर मुख देख ले अपना!
पोंछ ले पत्तियाँ–

सुगन्ध सँवार ले!!

दृश्य

धीमे-धीमे खुलते हैं किवाड़
चर् चर्
        —बिलकुल धीमे।

                                        धीमे। धीमे।।

अपने काठ को कुचलती ध्वनियाँ
कान तक न आने को रहतीं।

मैं कमरे में औंधा पड़ा
[पीठ के भार पर झुका हूँ   इसलिए।]
नींद के लिए आँखें सुखाता--
                                        पलकें मेरी
                                                इतनी खुली हुईं कि दृश्य
                                        भाप बनकर उड़ जायें
                                        [जैसे वे जल हैं।]

मैंने गर्दन को किवाड़ों की ओर नहीं मोड़ रखा—

किन्तु   वे ध्वनियाँ आती हैं
चर् चर्—

उन दृश्यों की तरह
धीमे धीमे;
जो तुम्हारे बारिश में भीगने से मुझमें तपते थे!
[मुझे उन साधु दृश्यों से बहुत चिढ़ होती है!]

मैं गर्दन मरोड़कर किवाड़ों की ओर देखना चाहता हूँ,
न के बराबर
                    हवा में,–
                                        अपने भार से हीन-
अपनी जनी ध्वनियों के बाँझ।

हाँ, तो मैं कनपटी उठाता हूँ–
गर्दन की गुँथी हुई हड्डी बजती है : चट्
चटक्!

"उफ़् ये साँकल बन्द करना मैं क्यों भूल गया?"

ये सामान   इतना बिखरा कमरे में
किताब टेबल झाड़ू   लत्ते   शीशा
                                        बिस्तर
                                                  कोना
                                                            मैं...
और बन्द पड़ी यह घड़ी--
[जिसकी 'चेन' हाथ को चुभती है।]
                    ऐसे ही मुझे सूझते रहे तो मैं
कैसे पलक झपकूँगा?

कैसे भीगे हुए दृश्यों से विस्मृत हो सकूँगा?

क्या मैं कान छेद लूँगा
इन काठ की ध्वनियों को पकड़कर?
[चाहे इसमें मेरी गर्दन ही टूट जाय!]
कर्र कर्र–नहीं!–नहीं!!–निर्स्वर–।

तुम्हारे गर्भ में

अपने भार से हीन
इतना   कि,—डूबते को पानी का बुलबुला
खे चले!

क्षीण इतना कि तुम्हारी आँखों में
गिरने पर भी
तुम अपलक देखो :
"कहाँ है?"

निरन्ध्र इतना; जो तुम
रहो मेरे अंक तो दर्पण टाँगने को दूर तक
कोई भीत तुम्हें न सूझे!

इतना पतित—तुम्हारे लिए—
पंचायत जात से बाहर कर दे!

: युवती!
तुम्हारे गर्भ में
अपने वीर्य की मैं वह इकाई;
जिससे तुमने मातृत्व जना।

अ-काल विषय में

अ-काल विषय में मैं ने
देखा :
..अन्त में–
सूखी हुई झील के तट पर एक प्यासे व्यक्ति ने
घुटने टेक दिये हैं।–व–
अगिन-कुहरे से

आँखें मूँदकर झुक गया है और
अपने होंठ झील को छुआये हैं कि,
पानी उतरेगा!–

और झील में पानी उतर आया।
[जैसे कोख के उभार से दूध उतरता है।]

व्योम-कम्पन

ठहरी हुई पवनों में
एक पत्ते का व्योम-कम्पन
वृक्ष के मूल में काठ नहीं है :

निर्वात में,--
देह छोड़कर श्वास लेते प्राण
इस ध्वनिलोक से अभिन्न हैं,
इसलिए

तुम मिट्टी हटाकर देखो :

हथेली से छूट गयी स्थितियों की शिरोरेखाओं में
कितने तारे हैं;
जिनके तले अ-श्वेत रातों में
सहस्र कविताओं ने पृष्ठ चमकाये हैं?

एक साँझ

एक साँझ
वेश्या की भोगी हुई देह-सी-
        विरक्त।
                शिथिल।
                        शान्त।

    .. और वहीं,–
                कहीं,–
                        मैं,–

                        मृत देह का प्राण। किंवा

लम्बी होती छायाओं में डूबती संसृति का दूर आकाश में
चमकता अ-शुक्र तारा।–
        [जैसे कुछ दिखाई देना चाहिए, किन्तु,
        कुछ दिखाई नहीं देता।]

देह देकर पाये गये मूल्य की ओर
यदि सूर्य उगता है
तो एकाच्छन्न होती छायाओं के अन्तर्गत
तुम मेरे पुनः जन्म लेने की प्रतीक्षा करो।
[यद्यपि, एक वेश्या के सन्दर्भ में
अनचाहे ईश्वर से मुक्ति की प्रार्थनाएँ की गयी हैं।]

राम!

स्वयं से हरिण की रक्षा करते सिंह की भूख से मरता
एक कवि
पृष्ठ पर कहाँ है?   यदि–
उसके समक्ष एक पूरा जंगल है!–

यदि पशुवत् चबाये जा रहे
शब्दों से नीले पड़े प्रत्येक मुख से
आकाश टपक रहा है!–

यदि पंक्तियों छिन्न कविता
रिक्त कोष्ठक ढूँढ़ती
अपने सरल शिल्प से आहत
पुकार रही है, "राम!"

काठ का हठ नहीं

टूटे हुए वृक्ष पर
प्रथम वसन्त की कोपल
काठ का हठ नहीं है।
        [टूटने के मूल में आँधियों/
                चक्रवातों के अन्तर्भूत
                पवनों पर ग्रीष्म का दाब
                समुद्रों तक है।   तब।]

मृत देहों को मिट्टी होने में समय लगता है।

        सूखी अस्थियों पर तिल्लियाँ जलाकर
        साधुओं ने चिलमें भरी हैं   और
        इतना धुआँ प्राण छुआकर छोड़ा है   कि
        आँखों पर नीलाभ तिर जाय।—

मुझे जन्म दो, प्रिया!

मेरी छाती पर
तुम्हारे होंठों की खरोंचें
अब नहीं रहीं।

तुम्हारे नाख़ूनों से अंग हुए
लाल पुष्प
झर गये।

तुम्हारे उभारों पर टिकी हथेलियाँ
रेखाओं से
उतर गयीं।

तुम्हारी नाभि पर झुका मस्तक
अशून्य हो गया।

योनि से मुक्त चिह्न
यदि अब कहीं शेष हैं
तो मुझे जन्म दो, प्रिया!–

अभिभूत है हृदय

पका हुआ फल तुम
चख नहीं लोगे
तो चू जायेगा।

अभिभूत है
हृदय।
इसे तोड़ो और
देखो।–

[वह, नोक पर आयी बात
अपनी जीभ पर रखो व कहो :
कह दिया!]

मरुस्थल की माया

पानी पर गिरी
पानी की बूँद के स्वर में
कितनी प्यास कण्ठ लगी है   कि
एक मृग की नाभि में
मैं मरुस्थल की माया हूँ?

मृग की अस्थिरता यदि मेरी अस्थिरता है
तो तुम पुनः सत्यानाशी के पीतवर्ण फूलों को
नाक देकर देखो।–

किंवा, कँटीली झाड़ियों में हाथ छिलवाओ   और
एक खट्टे फल को
जीभ पर लेकर अबोध बच्चे की भाँति गर्दन धुजाओ।
[यदि तुम्हारी रोमावलियों में
विस्मय के शून्य अंकित होते हैं।]

चप्पलें उतारकर शमी की छाया में रख दो और
मृग की डग पर आकर बताओ :
कितना पानी इस शुष्क प्रदेश में
ताप के अन्तर्निहित है?

शुभ्र

शून्य-सी अंकित
तुम्हारी नाभि पर होंठ रखकर
चुम्बन का आकार देना!–

तुम्हारे वक्ष पर मस्तक टिकाकर
उसे उभार देना!–

किंवा पवनों से कहना :
मुझे साँस नहीं आये तो उसके गालों को/
होंठों को/ और
कन्धे को/ और
गर्दन को
खुलकर छू लेने वाले उसके अश्वेत केशों को
प्यार देना [उन्हीं की स्पृहा से];
कितना शुभ्र था?–

[अँधेरे में
अ-पलक रहती दृष्टि को पुचकार

देना!–],

हमारी अनुपस्थिति कितनी सन्दिग्ध है

तुम्हारी गन्ध आती है। किंवा
नहीं आती है।

साँस लेने और
नहीं लेने के एक बिन्दु पर
हमारी अनुपस्थिति कितनी सन्दिग्ध है?

प्रस्तुत विषयों के आकार में
हम कहाँ तक नहीं हैं? कि
दर्पण के समक्ष आँखें मूँदकर खड़े हो जायें
तो किसी को नहीं दिखें!–

प्यास और पानी के पार्थक्य के मध्य
इतना मरुस्थल इसलिए है कि,
कविता लिखने की भूमि
स्याही उपजती है?

मैं ऊसर भूमि का आशय समझते हुए
जो इच्छा करता हूँ
तुम उस तक पहुँचो, प्रिये!

कोताही

औंधा पड़ा हूँ कि इस 'लॉन' में–
मिट्टी से लगी छाती पर घास का हरा छूट जाता है
इसलिए
मैं यहाँ कोताही बरतकर आया हूँ।

एक असावधानी से मैं समझता हूँ कि नभ का नील
मेरी पीठ पर लग जायेगा तो धरती-आकाश एक हो जायेंगे।

मैं नहीं सोचता कि हवा पर टिकी मेरी पीठ का भार
आकाश को असह्य है।

□□